新 企業統治論

菊池 敏夫　　櫻井 克彦 編著

CORPORATE GOVERNANCE

税務経理協会

はしがき

企業統治という用語および概念はcorporate governanceの邦訳語として日本に紹介，導入されてから30年余りが経過している。この間に大学の学部および大学院において企業統治論，コーポレートガバナンス論といった名称の専門科目を設置するところが増え，この関係のテキストおよび参考書などが数多く出版されている。そうしたなかでこの新企業統治論の特色と考えられるものをあげるとすれば，第１に企業統治論を構成し関連する項目ないし問題をほとんど網羅しカバーしていることではないかと思われる。特色の第２は各章の説明が平易になされていることで，これはおそらく執筆者の先生方がいずれも企業統治論および経営学の関連領域の研究者・教育者であるからではないかと思われる。特色の第３は，多くの章では今後の課題が設定されており，今後，解決を迫られる問題は何かが示唆されていることである。

本書の構成および内容は要約すると以下のとおりである。

第Ⅰ部企業統治総説，第１章では企業統治の問題が提起されてきた背景，企業統治の４つの類型が説明され，今後の課題ではステークホルダーの視点からの統治に着目している。

第２章の企業統治の概念では，企業統治の意味が説明され対照的な二つの企業統治のタイプが提示され，企業統治改革の過程をフォロー，展望として企業社会責任を指向すべきことが主張されている。

第Ⅱ部，第１章の企業不祥事と企業統治では不祥事の分析・特徴・発生原因事例研究が取り上げられ企業統治のあり方が詳述されている。

第２章の企業社会責任と企業統治では企業社会責任の意味，企業統治との関係が説明され，SDGsの説明が導入されている。

第３章の非営利組織のガバナンスでは，非営利組織の定義，一例としての社会福祉法人をとり上げ事例研究を詳細に行っている。

第４章の企業統治と米国スタンダードの行方は，その形成過程の問題を明らかにし，企業改革法以降の問題に焦点を当て詳細に論じている。

第５章の企業統治とコーポレートガバナンス・コードでは，日本のコードの基本原則，基本的な考え方，改訂コードの特徴・適用状況が検討されている。

第６章の会社機関と企業統治機能では，監査役の監査・監督機能が明らかにされ，取締役の統治機能，社外取締役の機能が国際的に検討されている。

第Ⅲ部の企業統治とステークホルダーでは，第１章で企業統治総改革が株主中心の改革になっているとの問題を指摘し，ステークホルダーの多様性が検討され，企業統治改革がこの特性に対応すべきことを主張している。

第２章の企業統治と従業員では，人的資本投資の観点から企業統治を考察，従業員の経営参加の状況，従業員持株制度が国際的視点から解明され最後に企業統治における内部通報制度確立の重要性が説明されている。

第３章の企業統治と株主・投資家関係では，株主と経営者の関係を考察，株主の行動の変化と日本企業の対応，株式の所有構造の変化と企業統治改革との問題が明らかにされている。

第４章の企業統治と地域社会においては，企業の社会的責任からみた企業統治が考察され米国と日本との認識，制度の相違，地域活性化，地域価値創造への視点からNPM（新公共管理），UDなどが考察されている。

学部学生の諸君，大学院生，研究者の方々および企業の経営者・従業員としてガバナンスの問題を体験している方々に対し本書が何らかの示唆を提供できれば編著者・著者としてこれ以上のよろこびはない。本書の出版にあたり株式会社税務経理協会代表取締役社長大坪克行氏，および同社シニアエディターの峯村英治氏のご支援とご尽力に心から御礼申し上げる次第である。

2021年３月11日

編著者を代表して　**菊池　敏夫**

目　　次

第Ⅰ部

企業統治総説

第1章　株式会社と企業統治

はじめに

企業統治という用語はコーポレート・ガバナンス（corporate governance）の訳語として使われており，テレビや新聞などのマス・メディアにもしばしば登場する用語である。この章では株式会社と企業統治というテーマのもとに，まず第1に企業統治の背景を考えることにしたい。なぜどのような理由から企業統治という問題が提起され登場してきたのかという問題である。第2にこの章では企業統治のいくつかの類型をとりあげる。世界の主要国における株式会社の企業統治の型としては，英米型，ドイツ型などがあり，この両者は異なった形態と特徴を有しており，日本および中国の企業統治も独特の形態と特徴を持っている。これらの企業統治の類型について考察し，それぞれの特徴を理解することにしよう。第3にこの章のむすびとして今後の課題を取り上げ企業統治が解決を迫られている問題にどんな問題があるかを考えてみることにしたい。

たとえば株式会社の経営が直面する問題について企業統治は十分にその有効性を発揮し問題を解決しているかという問題がある。また企業統治はどのような視点，ないし立場で実施されるかをめぐって株主利益の視点か，株主，従業員，顧客・取引先，地域社会などステークホルダー（利害関係者）の利益の視点かという問題がある。最近，米国において有力な経営者団体が株主利益を中心にした企業統治ではなく従業員，顧客，地域社会を中心にした企業統治への転換を提唱する動きがあり注目される。これらの課題を考え本章のむすびとしたい。

第1節　企業統治の背景

企業統治という用語が日本の学界および実務界などで使われるようになってからおよそ30年ぐらいが経過している。この間に企業統治に関する著書や論文，報告書などが数多く出版されている。ここではまず企業統治という問題が提起されてきた背景について考えてみることにしよう。企業統治という用語はいろいろな意味に解釈され，定義も多様であるが，経営者の行動を監視する機能およびシステムであるという点は，企業統治の多様な定義においても共通に含まれているといってよい。問題はこのような意味の企業統治がどのような理由と背景のもとで登場してきたのだろうか。経営者の行動を監視する必要がなぜ生じたのであろうか。この問題を以下に考えてみることにしよう。

1　株式会社の会計不正問題

(1)　イギリスの企業統治の背景

イギリスにおける企業統治の背景として企業の会計不正および倒産の多発に対してなぜ会計不正や倒産を防止できなかったのかという問題が提起された。イギリスでは1980年代に大企業の倒産が続き，1990年代にはいるとBBCI（1991年），マックスウェル（Maxwell）社の会計不正と倒産（1991年）が発覚するなど上場企業の不祥事が多発し，企業および経営者を監視するのは誰なのかといった議論が起り，企業統治の問題が登場してきた。とりわけマックスウェル社の倒産をめぐって，企業統治の議論が起こってきた理由の一つに，倒産したマックスウェル社が有名なメディアの帝王と言われたマックスウェル社長のワンマン経営による会社であったことや，マックスウェル社長が地中海のヨットで急死（自殺か他殺か不明）したことなどからこの会社の倒産に大きな社会的関心がむけられたことが関係している。また，同社の倒産によって企業年金を会社に横領されたとする同社元従業員（年金受給者）たちが英国議会の周辺でデモを行い，政府に年金の支給について善処を要求したことも，同社の会計不正，倒産，経営への監視について社会的関心を集めた理由であった。

こうした背景のもとで企業統治の問題が各方面で議論され，1991年5月にロンドン証券取引所，財務報告評議会，イングランド・ウェールズ勅許会計士協会の提唱により，ロンドン証券取引所に「企業統治の財務的側面に関する委員会」(Committee on the Finacial Aspects of Corporate Governance) が設置された。委員長にキャドバリー（Sir Adrian Cadbury）卿が就任し，同委員会はキャドバリー委員会と呼ばれて，1992年12月に報告書を公表した。同報告書は取締役会，非業務執行取締役（non executive directors），業務執行取締役（executive directors）の選任と役割などの問題について，企業が順守すべきことがらを「最善の行動規範」(Code of Best Practice) として定め，公表した[1)]。また，キャドバリー委員会は1993年6月以降に決算期を迎える上場企業に対して，その年次報告書のなかで「最善の行動規範」の順守状況を説明し，順守していないものについては，その理由を記載するように勧告した。

(2) アメリカの企業統治の背景

アメリカでは巨額の資産を保有する年金基金などの機関投資家が投資先企業の経営および経営者に対して，会計の不正や問題の多い経営を防止するためにどのように対処するかという問題に直面していた。この対処の方法として経営の執行責任者を監視するために社外取締役（outside director）を導入するという経営慣行が広く行われていた。アメリカの企業統治の歴史をみると，社外取締役の導入という形をとって推移している。ところが，2001年に有名な大企業のエンロン（Enron）社の倒産と大規模な会計不正が発覚し，企業統治の問題は新しい局面をむかえた。エンロン社の場合，同社の監査人として監査業務を担当する監査法人アーサー・アンダーセンが会計不正に協力加担しており，監査人に対する不信感と批判が社会的にも表面化した。また，エンロン社の取締役会には社外取締役が多数を占めていたにもかかわらず，会計不正を事前に発見できなかったのはなぜか，といった問題が起こっていた。

アメリカの企業統治の特徴の一つは上場会社の場合，一般に取締役会の過半数が社外取締役によって占められ，これらの社外取締役が会社の執行責任者の経営活動を監視することができると考えられていた。しかし，社外取締役という場合，取締役就任前に当該企業に勤務したことがない取締役という意味であって，エンロン社の社外取締役はこの意味の社外取締役ではあるが，いろいろな局面でエンロン社と密接な利害関係を持つもので占められていた。たとえば，社外取締役のなかにはコンサルタントとしてエンロン社から報酬を受けるなど密接に関係を持つ者や，また，エンロン社の子会社の取締役を兼任した者がいた。このような状況ではCEO（Chief Executive Officer：最高執行責任者）の経営執行活動を監視するどころか，それに同調することが社外取締役の役割となっていた[2)]。エンロン社の倒産の翌年，2002年に制定されたサーベンス・オクスリー法（The Sarbanes-Oxley Act 2002）は，独立取締役（independent directors）の導入を上場会社に義務づけるなど企業統治改革の新しい段階を示している。アメリカの企業統治の過程は，1990年代までは社外取締役の比重を増大させる方向で進行してきたが，エンロン事件によって社外取締役の監視機能の限界が明らかとなり，企業および経営幹部と利害関係を持たない独立取締役の導入による監視機能の強化がはかられることになった。

⑶　日本の企業統治の背景

日本において企業の会計不正などの問題が多発し経営および経営者の活動の監視，すなわち企業統治の問題が提起されてきたのは，1980年代の頃からである。日本における会計不正および総会屋への利益供与の問題はバブル崩壊（1990年）後多発し，会計不正のケースでは日本長期信用銀行，日本債券信用銀行，山一證券，ヤオハンジャパン，そごう，日本国土開発，カネボウ，三田工業など多くの業種に及んでいる。総会屋に対する利益供与のケースとしては1980年以降多発しており，1997年３月に発覚した野村證券および第一勧業銀行の利益供与事件は経営トップの指令のもとに総会屋との癒着を続けてきた組織ぐるみの商法違反事件となり，社会的関心を集めた。

企業の会計不正は日本では粉飾決算とよばれ利益の過小記録や過大表示などの会計上の計算，記録，表示の不正および着服など資産の流用を指すが，このような会計不正を防止するための経営者に対する監視機能やシステムが企業統治の機能およびシステムとして欠落しているのではないかという議論が提起された。企業の総会屋に対する利益供与というのも会計の不正支出である。総会屋というのは日本における特異な存在だが株式会社の株主総会で会社に不当な要求やいやがらせの発言をすると予告して金銭を強要し，また総会の議事進行に協力発言をして金銭を受けとるなど一部は暴力団との関係を持つ組織である。総会屋に対する利益供与事件が発覚するたびに企業の総会屋との関係に社会的批判が提起され，総会屋に対する不正支出を監視することが緊急の課題として議論され，企業統治の問題が提起された。日本における企業統治の問題は以上に述べたように企業の会計不正および総会屋に対する不正支出（利益供与）の多発を契機にして登場してきたといえよう。

2　問題への制度的・組織的対応

会社の会計不正が生じないように監視したり，倒産の兆候を予知し，監視するためには経営の執行活動の担当者の業務執行（経営管理活動）を監視する機能を確立することが必要である。このため各国では取締役会の監視機能の強化をはじめ企業統治改革がとりあげられている。

(1)　取締役会の監視機能の強化

株式会社の取締役会の機能として①会社の経営方針を決定すること，②経営の執行責任者である代表取締役を選任すること，③その代表取締役が経営方針に従って業務を執行しているか否かを監視すること，方針に違反しているときには解任すること，があげられる。会計の不正が行われるか否かの監視は，上記の③を指している。問題は取締役会のメンバーの多くが代表取締役（執行責任者）の部下または利害関係者で占められている場合，取締役会の執行責任者に対する監視は機能していないことが予想される。

このため，この監視機能が有効に働くために取締役会としては社外取締役を導入することが考えられる。その社外取締役も会社および執行責任者と利害関係の全くない人物（独立取締役）を選任することが必要となる。先述した2002年のサーベンス・オクスリー法は独立取締役の導入を義務づけている。後述するように，日本においても上場企業に独立取締役２名の導入を義務づけている。中国の上場企業においても独立取締役の導入を義務づけている。

⑵　監視・監督と業務執行との分離

前述したように取締役会の機能のなかに業務執行責任者を監視，監督する機能がある。しかし，取締役会のなかに業務執行の担当者である事業部長などが多数，取締役として在任している場合には，取締役会の業務執行責任者に対する監視・監督機能が働かないことになる。なぜなら監視・監督するものが同時にその対象である業務執行責任者であるという関係になっているからである。このため取締役会の業務執行責任者に対する監視・監督機能を強化するという目的から取締役会と業務執行責任者とを分離し，業務執行責任者を執行役員（executive officer）として，取締役会が執行役員を任命するという制度が採用されている。

たとえば，アメリカの上場企業および日本の英米型の会社形態である指名委員会等設置会社ではこのような執行役員制度が採用されている。執行役員は主に事業部長など担当部門を持つ部長クラスで毎日会社に出勤し経営管理の業務を担当する経営者であり，これらの経営者の代表が最高執行責任者（Chief Executive Officer：CEO）である。これらの執行役員は，いずれも取締役会から任命された経営者であり，取締役会の監視，監督下にあるという関係である。

⑶　政府・政府機関，証券取引所の規制

各国において企業統治の問題が提起されるとともに各国の政府，政府機関，および証券取引所が企業における会計不正の防止を目的として各種の規制を制定し強化する方向に進んでいる。アメリカの場合，サーベンス・オクスリー法にもとづき大企業の取締役会の内部に編成される委員会について監査委員会には独立取締役の導入を義務づけるなどの規制を行ない，また，会計監査を担当する監査法人は「公開企業会計監査委員会」（Public Company Accounting Oversight Board：PCAOB）に登録を義務づけるとともに政府がこれらの監査法人を監視・監督することを含む規制を行っている。

アメリカの会社法は州別に制定されているため会社の行動は州政府の会社法

に依拠して監視されており，このほか連邦政府の機関であるSEC（Securities and Exchange Commission：証券取引委員会）の規制，さらにニューヨーク証券取引所の上場規制などが行われている。日本では法務省（法制審議会会社法部会）が企業統治に関する会社法の原案及び改正案を国会に提出し規制を制度化している。最近の会社法の改正により社外取締役の導入の義務化が規定された3)。このほか証券取引委員会の規制，金融庁，東京証券取引所などによる規制が行われている。金融庁・東京証券取引所の制定した「コーポレートガバナンス・コード」は企業統治の施策の方針を具体化した規制といってよい。

第2節　企業統治のいくつかの類型

世界の主要国の企業統治を観察してみるとそこにはいくつかの類型があることがわかる。その第1は英米型またはアングロサクソン型といわれる型でイギリスおよびアメリカの企業が採用している企業統治のタイプである。このタイプは株主を主人として，経営者を株主の代理人（エージェンシー（agency））であるとして，代理人である経営者が株主の利益に反するような経営をしていないか否かを監視する機能として企業統治を定義しており，このような考え方および説明原理をエージェンシー理論（Agency Theory）と呼んでいる4)。

第2の型はドイツ型ともいわれるタイプで，これは英米型とはいくつかの重要な点で相違している。ドイツ型は監査役会が取締役の上位に位置づけられ，監査役会には労働者代表が参加しており，監査役会が取締役会を監視，監督し，取締役の任免権をもっている。

第3の型として，日本の企業統治の型をあげることができる。日本では株式会社の型として三つの形態があり，この形態にしたがって企業統治の形態も異なっている。これらについては後に説明する。第4の企業統治の型として中国の企業統治をあげることができる。中国では後述するが上場企業の企業統治が独特の形態を有しており，取締役会の内部に委員会を設置する英米型の企業統治形態を採用しつつ，監査役会も設置し，監査役会には従業員代表の参加を規定し，ドイツ型を採用し，英米型とドイツ型の融合型ともいうべき型を採用しており注目される。

1　英米型の企業統治

イギリスおよびアメリカの企業が採用している企業統治への理解を深めるために英米型の企業統治の特徴と考えられるものを中心に考察することにしたい。その特徴と考えられるものは以下の点である。

特徴の1は，取締役会のなかに委員会を設置し，この委員会は取締役会のメンバーである取締役が委員となって構成されている。委員会には①経営者である執行役員を監視，監督する監査委員会，②取締役，執行役員等経営者の報酬を決定する報酬委員会，③取締役の候補者を決定する指名委員会などがあり，取締役会ではこれらの委員会の活動が行われている。

特徴の2として，英米型の企業統治では，社外取締役が取締役会の多数を占めていることである。社外取締役はイギリスでは，non executive director（非執行取締役）とよばれ，経営の業務執行を担当していないが，経営の業務執行の担当者を監視，監督する機能を担当しており，企業統治において重要な役割を果たしている。

特徴の3としてあげられる点は，経営の実質的な担当者であり経営者である業務執行者は執行役員と呼ばれて，取締役会の監視，監督のもとに置かれている。特徴の4として，英米型の企業統治では監査役および監査役会という職位，機関が存在しないという点である。日本の会社制度では監査役および監査役会が会社機関として存在しているが，監査役，監査役会の機能は英米型の場合，取締役会の中の監査委員会が担当している。このような特徴を持つ英米型の企業統治は株主・投資家の利益の視点から経営者を監視するシステムであるといってよい。

前述したエージェンシー理論が説明するように英米型のモデルでは株主を主人（プリンシパル（principal））として株主の代理人（agency）である経営者が経営を担当し，株主の利益に反する経営が行われていないか否かについて株主の選任した社外取締役が経営者（執行責任者）を監視するシステムであるということができる。このように株主の利益の視点から編成され運営される英米型の企業統治に対して，近年アメリカの国内からも批判が提起されており，その内容としては企業には株主だけでなく，従業員，取引先，顧客，地域社会など主要なステークホルダー（利害関係者）が企業と密接な関係を持っており，これらのステークホルダーの利益を重視すべきだとするものである。

アメリカ主要企業の経営者団体ビジネスラウンドテーブルは2019年８月19日「株主第一主義」を見直し，顧客，従業員，地域社会などの利益を尊重した事業経営に取り組むと宣言し，声明を公表した[5)]。イギリスでは上場企業の企業統治指針（コーポレートガバナンス・コード）を改訂し利害関係者として従業員の声を経営に取り込むよう求めており，2019年１月以降に始まった決算期から適用している。

２　ドイツ型の企業統治

ドイツ型企業統治について理解を深めるためにこの企業統治の型の特徴と考えられるものを中心に考察を進めることにしたい。ドイツ型企業統治の特徴と考えられる点の１つは大きな権限を持つ監査役会の存在である。監査役会は経営の執行を担当する取締役会（執行役会とも訳される）のメンバーを任免し，執行状況を監視し，報酬を決定するなどの権限を有している。

特徴の２と考えられる点は，この監査役会に労働者代表が参加していることである。ドイツ企業の企業統治の主要な特徴は，西ドイツでの1951年の共同決定法を端緒として発展した1976年の共同決定法による共同決定制度であり，この制度によって労働者が企業統治システムに参加する権利が制度的に認められていることである[6)]。監査役会は大規模な会社（従業員2,000人以上の会社）の場合，労働側代表と資本側代表は同数で，株主総会で選出される。労働側代表は労働者の関連組織で選出され，株主総会で承認される。

特徴の３と考えられる点は，取締役会は執行役会とも訳されているように経営の執行活動を担当するメンバーで構成されていることである。このため取締役は各事業部門の担当責任者で占められる。取締役の経営執行活動は監査役会の監視，監督をうけるとともに，取締役の任免は監査役会によって行われるという関係である。

以上の特徴から明らかなように，ドイツ型の企業統治は取締役が執行役員として経営の執行活動を担当し労働側と資本側の代表が参加する監査役会がこれを監視するという形をとっており，英米型とは著しく異なる型であるといってよい。監査役会への労働者の参加は，執行役員としての取締役の任免，監視に労働者代表が参加しており，この企業統治のタイプは，ドイツをはじめ，北欧，西欧に広くみられるタイプである。

近年，小池和男氏は企業統治への従業員代表の参加の問題について研究を発表しており，小池氏によると役員会への従業員代表の参加は一種の国際相場となっていて，ドイツを先頭に西欧，北欧の多くの国がそれを実施してきたことを指摘し，「非常勤で事情をよく知る時間がない人（執筆者注：社外取締役）によい提案がどれほど期待できようか。これらの点で従業員代表はむしろ，いや，はるかに優る確率が高い。その企業にフルタイムで長期につとめて，その企業の中のある分野をよく知る長い経験がある。社外についても他社との厳しい交渉，取引を通じて，かえって社外の真実を知らされよう」と述べている[7)]。このような意見をめぐって議論をすることにより，企業統治のあり方の理解を深めることができるのではないか。

3　日本の企業統治

日本の企業統治については2000年の会社法施行および2015年の会社法改正によって，監査役会設置会社，指名委員会等設置会社，監査等委員会設置会社の三つの会社形態の選択制のもとに，それぞれの会社形態の企業統治機能が規定されている。

(i)　監査役会設置会社というのは，株主総会において取締役および監査役を選任し，監査役は取締役の業務執行を監視，監督することを職務とすることになっている。監査役会は企業統治の機能を担当しているが，一方，取締役会は代表取締役の選任，および監視，監督機能を担当しており，監査役会設置会社の企業統治機能は監査役会と取締役会が担当していることになる。監査役会設置会社の監査役は３名以上とし，そのうち過半数は社外監査役で構成されること，および社外監査役は当該会社と利害関係がない独立性が求められている。監査役会設置会社は上場会社では最も多くの会社によって採用されている。

(ii)　指名委員会等設置会社は英米型の企業統治モデルを採用した会社形態である。この形態はまず取締役会のなかに三つの委員会が設置され，①監査委員会（取締役および執行役員の業務執行の監査），②報酬委員会（取締役および執行役員の報酬の決定），③指名委員会（取締役候補の決定）が設置される。これらの各委員会はそれぞれ３名以上とし過半数は社外取締役によって構成されることになっている。この会社形態では監査役，監査役会は設置されず，監査役，監査役会の機能は取締役会の中の監査委員会が担当することになる。なおこの指名委員会等設置会社の場合，執行役員制度が採用されており，取締役会は執行役員に業務執行の権限を委譲し，執行役員の任免権を持ち業務執行を監視，監督するという関係になる。

(iii)　監査等委員会設置会社は，企業統治の機能を監査等委員が担当する形で，監査等委員は取締役であり株主総会で監査等委員の取締役として選任される。監査等委員は三名以上で，その過半数は社外取締役で構成されることになっている。監査等委員会設置会社では社外取締役が過半数を占める監査等委員が経営の執行活動を監視し監督し企業統治の役割を担当することになっている。

日本の企業統治は上記の三つの会社形態別に経営の執行活動を監視し，監督する組織として，取締役会，監査役会，取締役会の中の監査委員会，取締役会の中の監査等委員会などがそれぞれ設置されている。指名委員会等設置会社の監査委員会，および監査等委員会設置会社の監査等委員は，いずれも３名以上で構成され，社外取締役が過半数を占めていることはすでに述べたとおりである。これら二つの会社の企業統治は社外取締役を中心として担当されることになっている。

一方，監査役会設置会社の場合は社外監査役の導入は義務づけられているが，社外取締役の導入は義務づけられていなかった。しかし，2019年（令和元年）会社法改正によって監査役会設置会社の社外取締役の導入が義務づけられた。なお，2015年に東京証券取引所の上場企業を対象に導入されたコーポレートガバナンス・コードでは２人以上の独立取締役を選任すべきだとしたほか，取締役の３分の１以上を占めることが望ましいと明記されている[8)]。以上のような考察から日本の企業統治は英米型の株主の利益を中心に社外取締役，独立取締役によって経営の業務執行を監視，監督するシステムに接近しているということができる。このような日本の企業統治の方向に対しては経済界からも批判がある[9)]。

４　中国の企業統治

現在の中国は1949年10月に中華人民共和国として社会主義国の体制を採用する国として発足し，以後30年間，計画経済が推進されてきた。1979年以降，中国は改革開放政策に転換し，1980年代には株式会社制度が導入され，1990年には上海証券取引所，1991年には深圳証券取引所が開設され，株式が上場され，株式会社制度が普及し，発展してきた。

しかし，このような発展過程において，株式会社の会計不正の問題が多発した。会社および経営者による会計不正に対して不正を防止し経営者を監視する方法はなかったのかという問題が提起され，2002年１月には中国証券監督管理委員会と中国国家経済貿易委員会の連名で「上場会社企業統治準則」が公表され，中国における企業統治改革が開始された。この「準則」にはOECD企業統治原則をベースに主として投資家の権益保護，上場会社の取締役，監査役，経営陣が順守すべき基本的な行動準則，職業道徳などが定められた[10)]。中国上場企業の企業統治の特徴と考えられるものをあげると以下の通りである。

第１の特徴は，取締役会のなかに英米型の委員会を設置していることである。会計監査委員会，指名委員会，報酬委員会，経営戦略委員会などが取締役会の内部に設けられ，各委員会は3名以上で構成され，過半数は外部取締役で占められることになっている。ただし，経営戦略委員会には外部取締役は入らなくてもよいことになっている。

第2の特徴として，中国上場企業の社外取締役は独立取締役であり，企業および経営陣と利害関係がまったくないことが厳しく規定されていることである。なお，中国の独立取締役に就任する条件として所定の講習を受講して試験を受け修了証明を授与された者のみが独立取締役に就任する資格を有し厳しい条件となっている。

第3の特徴としては監査役会が設置されていることである。英米型の取締役会の内部に委員会が設置される場合，監査役会は設置されず取締役会内の監査委員会が監査を担当することになるが，中国の企業統治の特徴として，同時に監査役会を設置している点があげられる。第4の特徴は，監査役会には従業員代表が参加していることである。中国の会社法（公司法）では監査役会における従業員代表の比率は三分の一を下まわってはならないと定めている。監査役会への従業員の代表の参加については研究者の調査によると，上場企業の実態は従業員代表監査役を選任していない企業もあるなど，この制度が完全に履行され実施されているとはいえないようである[11)]。

中国の企業統治についてその特徴を中心に考察してきたが，英米型の委員会を設置すると同時に，監査役会を設置し，監査役会には従業員代表の参加を規定するなど，ドイツ型を採用しており，このようにみると，中国の企業統治は英米型とドイツ型の融合型であるということができる。

第3節　むすび　今後の課題

企業統治をめぐって，この章の第1節では，この問題が提起されてきた背景について考察し，次に，第2節において，企業統治におけるいくつかの類型として，英米型，ドイツ型，日本型，中国型などをとりあげそれぞれの主な特徴を明らかにした。ここでは，企業統治の今後の課題として，どのような問題があるかを考えてみることにしよう。

企業統治の今後の課題としてここでは，「会計不正への対応と課題」および「ステークホルダーの視点」の二つの問題をとりあげ，以下に考えてみることにしたい。

1　会計不正への対応と課題

企業統治という問題が提起されてきた背景には各国において株式会社の会計不正が多発しこれを防止するために経営者の経営の執行活動を監視・監督する機能およびシステムとして登場してきたことはすでに第1節で述べた通りである。会計不正への対応としては，社外取締役の導入によって経営者である執行役員を監視し監督するという制度が各国の企業統治にとり入れられている。問題はその実効性はどうであろうか。日本公認会計士協会によると日本の国内企業の会計不正が急増しており，2020年３月期は101件と前の期から７割増で５年前の３倍に達すると指摘している[12)]。

2015年のコーポレートガバナンス・コードの導入で社外取締役の採用企業は増えたとはいえ，社外取締役を中心とする企業統治の実効性には問題があるということである。日本をはじめ各国の企業統治制度の特徴の一つは社外取締役・独立取締役による経営者（執行役員）の業務執行に対する監視，監督であり，一般に企業統治の導入を評価する場合，社外取締役の人数の多い企業が高く評価されるという傾向がある。しかし，社外取締役の導入が，会計不正の防止に実効性があるかという問題が提起されている。この問題について，笹本憲一氏（公認会計士）の研究が問題解決の方向を示唆しているように思われる。笹本氏は東芝およびオリンパスの会計不正を詳細に分析した結果，「東芝の場合は取締役監査委員５名中，社外取締役は元外交官２名，ベンチャー企業の社長１名，学者１名となっており，企業の会計監査の経験者や商事法務に精通した実務家等は皆無である」と述べ，「オリンパスの場合も社外取締役２名は元大企業等の経営者であり，企業会計や会計監査に関する十分な知見を持っていたかは疑わしい」としている[13)]。

社外取締役，社外監査役として監査業務を担当する者の資質，専門性，知見等の問題が指摘されており，この適格性については各企業において社外取締役，社外監査役の選任にあたって監査業務を担当する者の専門性，および適格性をベースに選任されるべきである。東京証券取引所コーポレートガバナンス・コードでは監査役に対する要請として「財務・会計に関する十分な知見を有する者が１名以上選任されるべきである」と規定している。今後はコードのなかに適格性に対する者の選任を拡充するなどの必要性があるのではないかと考える。

２　ステークホルダーの視点

日本の企業統治についての今後の課題を考えるとき，企業の重要なステークホルダーである取引先，従業員，および地域社会の権利と利益は企業統治システムのなかに位置づけられているのかという問題が提起されている。2017年10月には神戸製鋼所のアルミや鉄鋼製品の検査データの改ざん問題が明るみに出るとともに同年11月には日産自動車の無資格者による検査問題が提起され以後数多くの企業の品質不正，検査不正問題が公表されている。

品質不正をめぐる問題は品質標準に達していない品質データの改ざん，顧客と取り決めた品質検査を行わずに出荷しているケース，無資格者による検査などが含まれ品質管理の領域における不正であって，会計不正とは異なる性質の問題である。企業統治の課題として，株主の立場から会計不正の防止を主眼として編成され，制度化されてきた企業統治システムでは取引先・顧客にとって最も重要な製品の品質不正を防止することには限界がある。たとえば，技術部門の専門家が取締役会に位置づけられることや，品質管理担当の取締役制の採用，社外取締役，社外監査役に製品品質に関する専門性を有する人材を選任するなどの配慮が必要である[14)]。

企業統治の課題を考えるとき，企業にとって主要なステークホルダーである従業員の権利や利益を企業統治システムに位置づける必要があるのではないかという問題がある。近年，日本の大手企業において従業員の過労死（自殺）が発生しており，また労働災害による休業４日以上の死傷者数は127,329人（平成30年）（総務省統計局『日本の統計』2020年274ページ）の水準で推移していることに注意したい。

企業内には人事部・総務部等の組織が編成され担当の取締役が配置されているが，過労死問題，労災死傷者数への対応は全社的な企業統治の次元の問題であり，従業員の権利および利益の擁護を第一義的な職務とする取締役，監査役の選任が必要であろう。いずれにしても日本の今後の企業統治を考えるとき，株主の利益を中心とする会計不正の問題に対応するとともに，取引先，顧客，従業員，地域社会といった重要なステークホルダーの権益を守るという視点から企業統治のシステムの構成を再検討していくことも必要であろう[15)]。

〔注〕

1)　Report of The Committee on The Financial Aspects of Corporate Governance（Dec. 1992），pp. 16－19. 報告書はこの部分で「最善の行動規範」について述べ，その中で経営における公開性，誠実さ，説明責任を重視し，財務報告の順法性，などが強調されている。このほか報告書には取締役会の役割，非執行取締役，内部監査，監査人のローテーションなど企業統治の重要な問題がほとんど含まれている（20－65ページ）。この報告書は各国の企業統治に大きな影響を与えた。

2)　菊池敏夫（2007）『現代企業論―責任と統治―』中央経済社，98－99ページ。

3)　辺見紀男・武井洋一・柗田由貴編（2020）『令和元年会社法改正』中央経済社，93－99ページ参照。改正会社法327条の２「公開大会社である監査役会設置会社であって金融商品取引法24条１項の規定に基づく有価証券報告書提出会社は社外取締役を置かなければならない」とされ，社外取締役を選任しなかったときは過料の制裁を受けることとなった（改正会社法976条19号の２）。

4)　エージェンシー理論にはジェンセン等の次の研究がある。（Jensen，M. C. and W. H. Meckling，Theory of The Firm，Managerial Behavior，Agency Costs and Ownership Structure，*Journal of Financial Economics*，Vol. 3 pp. 305－360，1976.）
　菊澤研宗（2004）『比較コーポレート・ガバナンス論―組織の経済学アプローチ―』有斐閣，第３章，第４章参照。

5)　「米経済界<株主第一見直し>従業員配慮を宣言」日本経済新聞，2019年８月20日。

6)　吉森賢（2015）『ドイツ同族大企業』⑵本社監査役会における共同決定制度，NTT出版，41－44ページ。

7)　小池和男（2018）『企業統治改革の陥穽』日本経済新聞出版社，230ページ。

8)　東京証券取引所コーポレートガバナンス・コード，原則４－８。

9)「企業統治のあり方問う」(関西経済連合会会長松本正義氏) 朝日新聞，2020年3月12日，15ページ。

10)　金山権 (2014)「中国の企業統治と取締役会」(菊池・金山・新川編『企業統治論―東アジアを中心に―』税務経理協会，50ページ)。

11)　薫光哲 (2014)「中国企業統治と従業員関係」(菊池・金山・新川編『企業統治論―東アジアを中心に―』税務経理協会，71－74ページ)。

12)「国内会計不正5年で4倍，統治実効性に課題」日本経済新聞，2020年8月10日。

13)　笹本憲一 (2019)「わが国のコーポレート・ガバナンスと社外取締役」,『2019年経営行動研究年報』経営行動研究学会，103－105ページ。

14)　菊池敏夫・磯伸彦 (2019)「コーポレート・ガバナンスの新しい課題―ステークホルダー・アプローチの視点―」『経営情報学論集』第25号，山梨学院大学経営情報学研究会，54－56ページ。

15)　企業統治に関するこれまで行われてきた研究および将来行われるべき研究テーマをサーベイした研究によると，実に多様なテーマの研究が行われており，また，将来とりあげるべき問題も多様であるが，そこには，株主・投資家の視点，ステークホルダーの視点に立つ研究などいくつかの方向が示唆されている。(Ruth Aguilera, Chris Florackis and Hicheon Kim, Advancing the Corporate Governance Research Agenda, *Corporate Governance : An International Review*, 2016, pp. 172－180)

〔用語解説〕

機関投資家 (institutional investors)

機関株主ともいい，大口の投資家のことで保険会社，投資信託，年金基金，各種財団，大学などの法人投資家を指している。機関投資家は保有する資産価値をふやす必要から株式投資を行ない各企業の大株主として会社の業績，取締役等の人事，役員報酬等に対して，監視を強化しており，企業統治に大きな影響を与えている。

独立取締役 (independent directors)

会社および会社の幹部と利害関係を持たない取締役のことで，当該会社の従業員または役員の経験がない，会社との取引関係がなく，報酬を受け取ったことがない，役員の親族でないこと，その他が，独立取締役の要件とされている。近年各国の企業統治改革では社外独立取締役の導入を義務づける規定を設ける傾向になる。

ステークホルダー (stakeholder)

利害関係者を指し，企業のステークホルダーとしては株主，投資家，従業員，労働組合，顧客，取引先企業，債権者，地域社会，政府などが含まれる。ステークホルダーに経営者を含める考え方もある。企業は株主のものであり，株主の利益を中心に経営すべきだとする考え方をshareholder capitalismと呼び，企業は各種の利害関係者の統合組織だとする考え方をstakeholder capitalismと呼ぶことがある。

第２章　企業統治の概念

はじめに

本章では企業統治システムの概要，その改革の動向，ならびに，企業統治の今後についての展望を中心に，現代の企業統治について考察することによって，企業統治問題の概要を把握する。１では，企業統治の意味について触れた後，株式会社企業における統治システムと企業統治のタイプについて眺める。株式会社制度下の企業統治システムの概要，ならびに企業統治における２つの対照的なタイプ（株主至高型の企業統治と，経営者支配型のそれ）が示される。２では，企業統治改革を取り上げる。わが国の企業統治改革の動向，ならびに企業統治原則について述べた後，「取締役至上モデル」なる企業統治モデルを示す。３では，企業の正当性ならびに企業の制度化を切り口に，企業統治の今後について展望する。企業統治の基本的狙いとしての正当性，ならびに企業の制度化を見据えた企業統治の必要性が論じられる。むすびでは，企業統治における自発性の意義について述べる。

第１節　企業統治と統治システム

１　企業統治の意味

20世紀の終わりごろから現在に至るまで，世界的規模で事業界，学界，そして社会全般において熱心に論じられてきた主題の１つが，企業統治（会社統治，コーポレート・ガバナンス）である。企業統治なる語は，多様に解することが可能である。統治（ガバナンス）は統治するという行為，統治される組織体としての統治体，あるいは統治する主体としての統治者を意味するものとして，様々に用いうる。また，行為としての統治に関しても，支配，経営，管理，監視，統制等，様々なものを考えることができる[1)]。企業統治論の分野では企業統治なる語は一般に，企業経営者に対する規律付け，ならびにそのための仕組み・システムを意味しているとみてよいが，統治の意味における上記の多義性は，企業統治が企業における支配活動や経営活動をも指しうることを示唆する。ここでは企業統治論における通常の用法に従い，企業統治を経営者に対する規律付け，ならびにそのための仕組みないしシステムを主として指す語として理解する。

企業統治にあっては，企業の目的と主権者や，経営者の選出や規律付けの方法といったものが，また，企業統治を広く解するならば，企業とその経営者に対する企業外部の様々な制御機構も問題となる。企業が社会から存在を認められるためには，正当性の基準に適うよう企業とその経営を導くような企業統治の存在が不可欠である。本章の目的は，そのような企業統治の把握のための手掛かりを提供することにある。

2　株式会社企業の統治システム

今日の企業の多くは，株式会社という法的形態をとっている。株式会社企業の運営は，会社内のいくつかの機関によって担当される。そうした機関は国によって異なる部分もみられる[2)]一方，主要なそれとして，株主総会（企業の組成と支配を担当），取締役会（経営の基本を担当），ならびに執行役員（経営の実践を担当。代表取締役やCEOの肩書を持ち，経営者やトップ・マネジメントと呼ばれる）の３者を挙げることができる[3)]。米国の状況に関するものではあるが，Postらを参考にこれら３者について説明するならば，以下のようである[4)]。

まず株主総会についていえば，それは株主によって構成される。株主は出資者として，企業の法的な所有者である。その内外を巡る利害関係集団（インタレスト・グループ，ステークホルダー）に企業が対応するに際しては，法律上は株主の要請の充足が第１順位に位置する。２種類の株主，つまり個人投資家と機関投資家が存在するが，機関投資家の株式保有の増大が見られる。株主の株式所有の目的としては，経済的目的（投資に対する経済的見返りの受領）以外にも，社会的目的（株式保有を通じての社会的目標や倫理的目標の達成），経済的目的と社会的目的の複合，あるいは企業支配権の獲得（企業合併，企業買収等のために株式を所有）を挙げることができる。社会的責任投資（SRI）の増大が物語るように，複合的目的も有力となりつつある。投資信託機関（ミューチュアル・ファンド）や年金基金のいくつかが社会的スクリーンを用いて投資先企業を選ぶようになっており，また，投資における社会的基準と経済的基準の併用が投資への経済的収益を増大させるという見方が，投資家の間に広がりをみている。

株主は種々の法的権利を与えられているのであって，取締役会が配当を宣言した場合には利益の分配を受ける権利，企業の収益と活動に関する情報（年次報告書）を受ける権利，取締役を選任する権利，取締役と執行役員の責任不履行に対し訴訟する権利，企業の合併・買収・定款変更について議決する権利，事業関連提案を株主総会に提示する権利等，様々の法的権利を持つ。

取締役会についていえば，会社法は取締役会に業務遂行ないし企業経営への責任を課している。取締役会は，会社の目的の設定，会社とその経営に関する基本的方針の決定，目的と方針を実施する最高経営者の選任，ならびに経営者の業績の監視と評価に責任を負う。取締役会は各種の委員会を通じてその業務を遂行するが，米国で一般的である委員会設置会社の場合，委員会として監査委員会（企業の財務報告書の検討，外部監査人の任命についての助言，ならびに企業の財務管理における適切性についてのチェック），報酬委員会（企業の最高経営者の俸給と付加的給付の管理と承認），指名委員会（業務執行役員と取締役候補の推薦）といったものが設置される。執行委員会（トップ・マネジメントと協力しつつ，企業と経営の重要事項に対処）が設けられる場合もある。資本提供者に関連して付言するならば，銀行や社債権者といった債権者も，信用の提供や社債の購入を通じて企業に対する影響力を持つ。

執行役員についていえば，企業規模の拡大と企業活動の複雑性の増大，ならびに企業所有権の分散の進展の下で，取締役会と株主総会の形骸化が進むにつれ，専門経営者としての執行役員の企業支配力が増大しており，今日，執行役員は企業統治において要の地位にある。こうした専門経営者は株主に対してよりは，会社に対して第１の責任があると考えるようになってきており，それは企業の現時点での経済的成果の獲得に対してのみならず，製品革新・市場開発等を通じての将来における企業存続に対して，ならびに企業を巡るグループすべての要求のバランシングに対して，責任があると考えるようになっている。なお，経営者を巡っては，経営者の企業支配力は近年，相対的に弱体化しており，その反面，取締役会，機関投資家や他のステークホルダーの企業支配力が強くなっているとする見方も出現している。

3　2つの企業統治タイプ

上のところでは株主，取締役会，および執行役員の３者を中心に，株式会社企業の統治システムについて眺めた。Postらは，これら３者間の支配関係に焦点を当てる形で，「企業統治の伝統的モデル」と「企業統治の修正主義者モデル（revisionist model of corporate governance）」という２つの対照的な企業統治のパターンないしモデルを示している[4]が，それらは企業統治の動向を理解するのに有用である。以下，両モデルについてのPostらの説明をみていく[5]。

すなわち，伝統的モデルにあっては，株主は取締役会のメンバーを選出し，取締役会は執行役員を任免する。他方，修正主義者モデルにあっては，執行役員が取締役会のメンバーを指名し，支配するとともに，取締役会は株主総会と委任状選挙を支配することで，株主を支配する。企業統治の伝統的，法的モデルによれば，株主は企業において究極的な権限を保持する。この見方では，株主は，取締役会のメンバーを選任するその法的権利を通じて支配を行使する。順次，取締役会は執行役員を雇用するとともに，全社的方針を設定するのであり，また，業務執行から株主がリターンを挙げることを確実たらしめる責任を負う。統治についてのこうした原則は，会社法と株主の法的権利のうちに具体化されている。伝統的モデルにおいては株主は，企業内における指令の連鎖の頂点に位置するグループである。

しかしながら，現代企業についての分析者の多くは，伝統的モデルが会社の現実画像ではないと主張する。修正主義者は，いくつかの力が株主の法的権限に対抗すべく作動してきたする。米国の場合，株主は歴史的には少数株式保有の個人であり，地理的にも分散していたのであって，政府の規制は株主が相互接触や組織化を図ることを困難たらしめてきた。経営に不満な株主の多くは，会社の方針を変えんとするよりは，“ウォール街ウォーク”（株式を売却し，去っていく）をする傾向にあった。取締役会も，執行役員を支配するよりは，執行役員に支配される傾向にあった。執行役員によって指名されるとともに，しばしば情報や専門的知識に欠ける取締役会メンバーは，執行役員が提示する決定案を機械的に承認してきた。修正主義者の見方では企業統治において，究極的権限を持つ執行役員と底辺に位置する株主という形での支配の逆転がみられることになる。

Postらは，両モデルについてこのように説明するとともに，企業統治における最近の傾向は，２つのモデルが企業の実情を正確に表すものではなくなっていることを示しているとする。すなわち，企業外部の諸ステークホルダー・グループの権力が増大している。企業内部にあっても，企業統治関連グループ・機関の相対的な力が，顕著に変化してきている。株主，とりわけ大規模機関株主が，ならびに取締役会が執行役員に対し，意見を主張するようになっている。社会活動家株主も，委任状選挙のプロセスを通して影響力を行使してきている。状況によっては労働者も，従業員持株制度を通じて支配を行ってきている[5)]。

以上，Postらの企業支配に関する２つのモデルについて眺めた。Postらの説明は，企業統治のパターンが，株主支配型・株主利益至上型のそれから経営者支配型のそれに移行してきたこと，また，経営者支配型のそれも今日，企業と経営者に対する様々な力の作動の下で，変容しつつあることを示している。次節では，いわゆる企業統治改革に焦点を当て，こうした諸力の作動，ならびにそれによる企業統治の変容について更に見ていくことにする。

第2節　企業統治改革の展開

1　我が国おける企業統治改革の動向

上のところでは，企業統治における基本的なパターンをポストらに従って眺めてきた。近年，これまでの企業統治の仕組みを変えようとする動き，すなわち企業統治改革が世界的にみられる。本節では，そうした企業統治改革を取り上げる。初めに，わが国における企業統治改革の動きについて眺める。

我が国の場合，欧米諸国の後を追う形ではあるが，20世紀末から21世紀初頭において企業統治改革の急激な展開がみられた[6)]。すなわち，1993年の大会社における監査役の人数増加や社外監査役の導入，2003年の委員会等設置会社制度の導入，等といった形で商法規定の改正がなされ，少数ではあるが，いくつかの有力企業で委員会設置会社への移行がみられるに至った。委員会設置会社に移行しない企業にあっても，外部取締役の導入が進んだ。あるいは，幾つかの社会的責任投資ファンドが誕生し，機関投資家や個人投資家の投資目的に一部，変化もみられるようになった。企業統治のシステムは広義には，株式会社制度内での企業と投資家の関係以外のものを含むが，株主以外にも多くの関係者が，あるいは政府やNPOへの働きかけを通じて，また，グリーン・コンシューマリズムのような形での企業への新たな市場的関わりあいを通じて，企業統治に影響を及ぼすようになってきた。20世紀初頭までに展開をみた企業統治におけるこうした動きはその後も，一段の展開をみるに至っている。

株式会社の統治システムに関する，わが国における最近の制度改革の動きについて触れるならば，企業統治改革のこのところの動きにあっては，単に投資家の保護ならびにその経済的利益の促進を図ることのみならず，企業の市場競争力強化を通じての企業の維持と更なる成長，ならびにそれらを通じての全体経済の発展を図ることが改革の狙いとされつつあるといえる[7)]。かかる企業統治改革の1つとして，政府機関や証券取引所，機関投資家による企業統治原則（企業統治システムの構造と運用のための基本指針）の制定あるいはその適用を挙げることができる。2014年の金融庁による「“責任ある機関投資家” の諸原則」，ならびに2015年の金融庁と東京証券取引所による「コーポレートガバナンス・コード」の制定がそれである。

前者は，機関投資家が受託者責任を果たすための原則を示すものであり，日本版スチュワードシップ・コードとも呼ばれる。後者は，株主をはじめとする諸グループとの関係において企業が取ることが望ましい行動原則を定めるものであり，そこでは，次の５項目，すなわち，①株主の権利・平等性の確保，②株主以外のステークホルダーとの適切な協働，③適切な情報開示と透明性の確保，④取締役会等の責務，⑤株主との対話に焦点を当てる形で，企業の行動原則を提示する。これらのコードと原則は法的強制力は持たないものの，証券取引所上場企業の行動へのその影響は大きいといってよい[8)]。

２　企業統治原則と取締役会改革

前項では，わが国における企業統治改革の１つとして企業統治原則の制定を挙げたが，かかる制定は欧米諸国の動きを範とするものである。様々な企業統治原則が今日，世界で展開されているが，こうした企業統治原則にあっては，その主眼は取締役会の改革に置かれているといってよい。米国の状況に焦点を当てるものであるが，この点をLawrenceらに従って更に見ていくならば，次のようである[9)]。

すなわち，Lawrenceらは，2000年代に入っての企業不祥事多発や金融危機のあと，公的機関，投資家グループ，および証券取引所は望ましい企業統治原則を提示せんと努めてきたのであり，効果的な取締役会の主要な特質に関し広く意見が一致するに至っているとする。そのような特質には，以下のものが含まれる（「」部分は特質を，<>部分は補足意見をそれぞれ表示)。

・「取締役の職の殆どを占めるよう外部取締役を選出せよ。」<会社のマネジャーは2，３名を超えるべきでない。外部メンバーは真に独立的たるべきである。監査，報酬，指名の諸委員会は外部者のみから構成されるべきである。>

・「取締役会メンバーのオープンな選挙を保持せよ。」＜意見を異にする株主は，取締役候補者名簿に自分たちの候補を記載しうるべきである。取締役の選出に際しては，投票数の半数の獲得が必要である。任期を異にするような取締役を導入すべきである。＞

・「独立的な主導的取締役を任命すべきである。また，CEOが出席しない形の定期会合を持つようにせよ。」＜多くの専門家が，取締役会におけるチーフ・エグゼクティブと取締役会チェアマンの人的分離を求めている。＞

・「取締役の報酬を，会社の業績と結びつけよ。」＜取締役も少なくとも部分的には，業務執行役員同様，会社の業績に連動した報酬支払いを受けるべきである。＞

・「取締役の業績を定期的に評価せよ。」＜取締役自身の有能度や勤勉度を，取締役会の統治委員会で評価すべきである。＞

Lawrenceらは，企業統治を改善せんとするこうした動きが，他の国と地域でもみられるとする。OECD（経済協力・開発機構）の企業統治原則（2004年修正）はその例であり，取締役会を株主にヨリ応答的たらしめんとする国際的な動きが展開をみているとする。

3　新たな企業統治モデル

以上，企業統治改革についてみてきた。こうした企業統治改の更なる進展のためには，企業内の統治システムの望ましい在り方，とりわけ取締役会の望ましい在り方を示す新たな企業統治モデルの展開が，出来うれば，企業とその経営者に対する企業外部の様々な統制機構の望ましい在り方についても示すようなそれの展開が強く望まれるといってよい。本節の最後では，企業統治改革を導くためのそうした新たな企業統治モデルについて考えるための手掛かりとして，Carrollらの「企業統治の取締役至上モデル」を示すことにする[10)]。

Carrollらは，経営者に対する制御の今日的状況ならびに新たな企業統治モデルの展開について，以下のように述べている。経営者に対する制御についていうならば，企業経営者を制御すべく今日，さまざまな諸力が，CEOをはじめとする経営者に作用している[11]。すなわち，まず，取締役会が取締役会委員会，外部取締役，取締役のダイバーシティ化，ならびに株主エンゲージメントを通じて，経営者に対するアドバイズとモニターを行っている。株主は，訴訟，レゾリューション（総会における株主提案権行使），意見表明，ならびに活動家株主の形で経営者に作用している。他の諸ステークホルダー・グループが経営者に作用している。証券取引委員会のような規制機関も作用している。サーベンス・オクスリー法や，ドッド－フランク改革法と消費者保護関連法といった規制が存在している。更には，会社支配のためのマーケットが存在する。Carrollらは取締役会をはじめとする，企業内外の諸機関ならびに諸関係者等から成る広義の企業統治システムにおける今日的状況を，このように記す。そこでは，取締役会における助言・監視機能重視の傾向や様々な企業チェック・メカニズムの展開が示されている。

ついでCarrollらは，企業統治に関して伝統的に提唱されてきたモデルを「企業統治の株主至上モデル（shareholder-primacy model of corporate governance）」と呼ぶとともに，それに代替しうる企業統治モデル（alternative model of corporate governance）として，「企業統治の取締役至上モデル（director-primacy model of corporate governance）」を提示し，それについて以下のように説明する[12]。

すなわち，企業統治に関してこれまでに示されてきたモデルは，企業統治についてのアングロ・アメリカン・モデルに基づいている。それは，株主を第１次的重要性を持つものと考える。この「株主至上モデル」は，株式価値最大化が究極的な企業目標であり，企業統治の改革は取締役会権力の削減，株主権力の最大化，ならびに株価と結びつけた経営者へのインセンティブを伴うべきであると主張する。活動家株主たちは，これらの目標を追求してきたが，それは，ときに株主と取締役会の間の関係を緊張させてきたのであって，新しいパースペクティブが，株主至上の伝統的なモデルに挑戦すべく出現しつつある。幾人かの論者は，株主権力の増大が会社統治における必要な改革であるとみるが，他の論者は株主権力の増大の価値について懐疑を表明しており，別の企業統治概念に賛同するようになっているのである。

かかる「企業統治の取締役至上モデル」[13]は，会社は所有されるものではなく，それ自身が所有する実在（entity）であるという会社概念に基づいている。取締役会は，多様なステークホルダーのしばしば競合する諸インタレストのバランシングに責任があるところの“調停主（mediating hierarchs）”であるとされる。このモデルにあっては，取締役会は株主への義務を有するが，しかしながら取締役会メンバーたちが究極的な意思決定者であり，その第１次的義務は会社に対するものである。このパースペクティブからは取締役会メンバーは，時に互いに対立する諸要求をバランスさせるに必要な自治と裁量性を与えられるべきであるということになる。取締役至上モデルはプリンシパル―エージェント・モデルにではなく，「会社統治のチーム・プロダクション・モデル（team production model)」に基づいている。チーム・プロダクションは，会社の活動（WORK）が２つ，もしくそれ以上の個人あるいはグループの結合されたインプットを要請していることに注目する概念である。このパースペクティブでは，会社は富の創造という責任のみならず，諸ステークホルダーのニーズと諸インタレストに仕えるという責任も負わされた共同チームであり，取締役会はかかる共同チームを反映すべきであるとされる。幾人かの論者も会社は，取締役会が株主の富の最大化を唯一つの会社目的とすることを止めるまでは，そのサステナビリティとCSR（企業の社会的責任）を達成できないであろうとしている。

企業統治の取締役至上モデルの提唱者の多くは法律の分野から来ており，これらの人々は，統治の株主至上モデルを支えるべく用いられた法律が，誤って解釈されてきたものであり，株主は会社を所有しない―株式を所有するにすぎず，かくして企業の支配への法的権利を持たない―と論じるのである。取締役至上モデルを支持する人々は，株主の厚生に価値を置いている。取締役至上モデルは，それが長期には株主の最良の利益となることを行うに必要な自治を取締役会に与えるがために，究極的には株主に奉仕するであろうと論じるのであって，株式価値に焦点を当てることは短期主義を促進し，終局的には企業とその全ステークホルダーに害をもたらすと主張するのである。

Carrollらは取締役至上モデルについて以上のように説明しつつ，株主至上モデルと取締役至上モデルについての賛否論議は進展中であり，すぐには決着はつきそうにないのであって，さしあたり両パースペクティブについての認識と把握が，企業統治へのより富んだ理解の展開を助けることになるとする。

経営者チェック・システムの展開状況についての，ならびにこれからの企業統治モデルとしての取締役至上モデルについてのCarrollらの所説は，以上のようである。そこで展開される取締役至上モデルは，企業観としては必ずしも目新しいものではない。企業の主権者として株主を含む諸ステークホルダーを考え，経営者を諸ステークホルダーの多様な要請の調整者と見る企業観は，かなり普遍的である（主権者のいずれに重きが置かれるかは，論者によって異なる）。また，企業それ自体しての企業の至高性，ならびに企業目的における企業存続の第１次性を主張する見解も，既に提唱をみている。

諸ステークホルダーへの配慮が企業の存続，ならびにそのことを通じての株主価値の長期最大化に導くという見解は，事業界でも多くの賛同を得つつある。そうであるとはいえ，Carrollらの所説はそれが，企業それ自体を代表する機関として取締役と取締役会を考えるところの「企業統治の取締役会至上モデル」に注目する点で，また，取締役会を経営機関でなく，経営者任免・チェック機関として捉える点で，更には，経営者の様々な制御システムの展開の中で今日の企業統治システムを理解せんとする点で，制度化し企業それ自体化した現代の大規模株式会社企業の統治システムの今後を展望するあたり，示唆に富むところが多いといってよい。

第３節　企業統治の展望

ここでは，企業と経営の正当性確保にむけた経営者制御の仕組みの構築とその運営が企業統治の基本的な狙いであること，現代の企業は制度化しているとともに，制度的企業も変容の過程にあること，ならびに，これからの企業統治は企業とその経営の基本的動向を踏まえたものであるべきことを指摘する

1　企業の正当性

はじめに正当性についていうならば，企業の生存は根本的には社会による企業への正当性の付与にかかっている。正当性付与は社会の期待に企業とその経営が適うときにもたらされるが，企業統治の在り方はそのような企業と経営の実現に大きく影響する。この意味では，企業統治の基本的の目的は正当性の獲得と増強に資するような企業と経営を実現せしめることにあるといってよい。ここでは，Carrollらに従い，このことを確認する。

Carrollらは，企業による正当性獲得の重要性について以下のように述べる[14)]。すなわち，エンロンやワールド・コムの倒産や，グローバルな金融危機の発生，より最近の続発する様々な企業不祥事は，大企業への社会の信頼性を大きく低下させ，ビジネスなる制度全体を脅かしているのであって，21世紀の始まりにおいて企業統治が社会の主要関心事となっている。かかる企業統治を理解するためには，正当性なる概念（idea）を理解することが重要である。ここでは，「諸組織は，その中で自分たちが機能しているところの社会システムの諸目標と諸価値にその活動が一致している程度において正当である」という社会学者パーソンズ（Talcott Parsons）の所説に準じて，正当性を，組織の活動と社会の期待の間に一致が存在するときに普遍的であるところの状態として捉える。

こうした正当性は，ミクロもしくは個別企業のレベルと，マクロもしくはビジネス制度全体のレベルの両者で考えることができる。正当性のミクロレベルについていえば，それは社会の期待に一致することによって正当性を達成もしくは維持しつつある個々の企業を取り上げる。企業は，その業務活動を普遍的基準に適わしめることで，あるいは広告等の技法によって社会の規範と価値を変えようとすることで，更には，正当性を強く有する組織や価値・シンボルとに自身を同一化させることで，その正当性を獲得する。正当性のマクロレベルは，会社制度やビジネス制度の社会による受け入れに関連する。論者は，この意味の企業の社会的な正当性は脆弱であって，企業は存在する固有の権利を持っておらず，そうした権利を社会から与えられているに過ぎないとする。こうした正当性も，現代の企業に必要となっている。Carrollらは正当性についてこのように説明するとともに，企業統治の目的（purpose）に関連して次のように言う[15]。ガバナンスなる語は，steeringのギリシャ語から来ている。企業が正当であるためには，それはパブリックの意向に一致する仕方でかじ取り（steering）されねばならないとともに，会社が統治される仕方は会社のかじ取りの方向を決めるのである，と。

Carrollらの所説は，企業統治の究極的な目的が正当性の獲得に資する企業と経営の実現にあること，また，そうした正当性には現代の企業システムないしビジネス・システムの正当性も含まれることを示している。

2　企業の制度化とこれからの企業統治

ここでは，企業体制論的接近により，企業と経営の基本的な動向について簡単に眺める[16]。

現代の企業の特質は，「企業の制度化」として理解しうる。制度化（institutionalization）とは，現代の大企業が長期存続的存在・社会的存在として，社会の制度（institution）となっていることを指している。制度的企業としての現代の企業にあっては，市場のみならず社会的舞台（市場外部としての社会）も，企業と経営の在り方に大きく影響するところの戦略的環境として位置づけられる。こうした制度的企業は絶えざる変容の過程にある。ここでは，そうした変容ないし発展の段階として「社会的企業」，「社会経済的企業」，ならびに「成熟した社会経済的企業」といった発展の段階を考える。「社会的企業」とは，20世紀中葉の寡占的大企業のような，寡占市場の存在と経営者の企業支配を背景とするCSR指向の大規模株式会社企業である。それは，企業の社会的存在化，ならびに戦略的環境としての社会的舞台の意義に焦点を当てた企業モデルである。

「社会経済的企業」とは，社会的舞台への一段の適応の必要性を認識する一方で，企業環境としての競争市場への適応の重要性を強く意識する企業モデルである。現在の制度的企業はこの段階にある。「成熟した社会経済的企業」とは，グローバルな競争市場への適応に努める一方で，グローバルな会社市民として，グローバルな諸社会課題への対応を含む広範なCSRに取り組む，将来企業のモデルである。そこにおいては企業の倫理性や，経済・社会・自然の持続的開発なる価値・理念の強調がみられる。制度的企業は今日，この段階への到達を期待されている。

現代の企業統治が企業の正当性確保に寄与するものであるためには，それは企業と経営におけるCSR指向性を奨励するものであることを不可避とする。今日の企業統治における諸傾向は，その方向にある。展開されつつある企業統治改革論や企業統治モデルにおいては，取締役会における経営者チェック機能の重視，多元代表制の導入，企業それ自体的視点の強調，等がみられる。企業統治改革論や企業統治モデルにおけるこうした動きは，企業と経営におけるCSR指向性の一層の展開の必要性を満たすものであり，現代の制度的企業における基本的な動向と合致するものである。

むすび

現代の企業とその経営者は，CSRへの取り組みを不可避としている。かかるCSRは，企業を取り巻く社会（諸ステークホルダー）の期待に企業が応えていくことを意味するとともに，CSRの本質は責任への取り組みに際しての自発性の存在にある。責任における自発性は，他者による強制なく責任を認識・実践していくことを意味している。現代の企業統治がCSR指向の企業と経営の展開に資するような企業統治であるべきことは，すでに指摘したところであるが，そうした企業統治のためのシステムの形成とその運用に際しては企業と経営者における自発性の存在が不可欠である。

これからの企業と経営者は，企業統治システムの構築とその運用への自発的にして積極的な取組を必要とするのであって，各方面で制定を見つつある企業統治原則に倣いつつ企業統治に取り組むことに止まらず，自発的に各種の自己規制システムを構築し，それを自律的に運用することが強く望まれるのである[17]。

〔注〕

1）ガバナンスや統治なる用語の意味として，辞典は「ガバナンス：管理指導・支配・統制に関わる活動・仕方・事実もしくは機能（*The Concise Oxford Dictionary of Current English, Fourth edition*（1958），Oxford University Press.）」，「統治：すべおさめること。主権者が国土・人民を支配すること（岩波国語辞典第五版（1994），岩波書店）」といったものを示している。また，コーポレート・レート・ガバナンスについての定義として，「会社がどのように，ならびに誰によって指導ないし管理（監督）されるかを決めるところの，会社における権力割り当てシステム（Lawrence, Anne T. and James Weber（2011），*BUSINESS AND SOCIETY*：Stakeholders, Ethics, Public Policy, 13th ed., McGraw-Hill, p. 557）」といったものもみられる。

2）我が国の株式会社にあっては監査役会設置会社，委員会設置会社，監査等委員会設置会社の３種があり，監査役設置会社と監査等委員会設置会社では株主総会，取締役会，執行役員のほかに，監査役会（監査役設置会社の場合）もしくは監査等委員会（監査等委員会設置会社の場合）が機関として存在する。

3）James E. Post, Anne T. Lawrence and James Weber（2002），*BUSINESS AND SOCIETY：CORPORATE STRATEGY, PUBULIC POLICY, ETHICS*, tenth edition, McGraw-Hill Irwin, pp. 330－337（松野弘・小坂隆秀・谷本明治監訳 J. E. ポスト，A. T. ローレンス，J. ウェーバー著（2012）『企業と社会―企業戦略・公共政策・倫理（下）』，ミネルヴァ書房，第14章）.

4）Post, J. E. et al., op.cit., p. 339.

5）Ibid., pp. 338－339.

6）櫻井克彦（2007）「現代の企業と企業体制論的接近：企業社会責任および企業統治に関連して」『経営教育研究』10号。

7）金融庁，東京証券取引所（2014）「コーポレートガバナンス・コード原案―会社の持続的な成長と中長期的な企業価値の向上のために―」。https://www.fsa.go.jp/singi/corporategovernance/.../02.pdf

8）*The Finance*（2018／08／20）「2018年コーポレートガバナンス・コード改訂の７つの重要ポイント」。https://thefinance.jp/law/180820

9）Lawrence, Anne T. and James Weber（2011），*BUSINESS AND SOCIETY*：Stakeholders, Ethics, Public Policy, 13th ed., McGraw Hill, pp. 323－324.

10）Archie B. Carroll, Jill A. Brown, and Ann K. Buchholtz（2018），*Business & Society：Ethics, Sustainability, and Stakeholder Management*, 10th ed., Thompson, South-Western, Cengage Learning, Chap. 4.

11）Ibid., p. 126, Figure 4－5.

12）Ibid., pp. 125－127.

13）Margaret M. Blair and Lynn A. Stout（1999），A Team Production Theory of Corporate Law, *Virginia Law Review*（March）. 会社統治の取締役至上モデルに通じる見解が，Evanら（William M, Evan and R. Edward Freeman, "A Stake-holder Theory of Modern Corporation：Kantian Capitalism"in Tom L. Beachamp and Norman

E. Bowie (1993), *Ethical Theory and Business*, Fourth Edition) によって提示されている。Evanらの見解については，櫻井克彦（1995）「現代の経営原理についての一考察—共同および共生を中心に—」『国際開発研究フォーラム』第2号。

14) Carroll, A. B. et al. (2018) op.cit., pp. 102−103.

15) Ibid., p. 104.

16) 企業の制度化については詳しくは，菊池敏夫，櫻井克彦，田尾雅夫，城田吉孝編著（2018）『現代の経営学』税務経理協会，第2章，ならびに，櫻井克彦（2020）「経営学研究の今日的課題—「企業と社会」論を切り口に—」『経営教育研究』Vol. 23 No. 2。

17) 企業統治における自発性には，自己拘束機構たる企業統治システムの構築への自発的協力を含む自発性と，そうしたシステムを伴わない真の自発性（そこでは，統治者自身をその内部から律する倫理性が重視される）の2種を区別することができる（櫻井克彦（1999）「コーポレート・ガバナンスに関する一考察」『経済科学』第46巻第4号)。ここでの論議は前者に焦点を当てるが，後者もまた重要である。

〔用語解説〕

企業権力

権力は広義には影響力を含むが，現代の企業とその経営者の権力は強力にして広範に亘っている。企業統治では，企業と経営者への権力の付与と抑制のバランシングに注目する。企業権力の基本的源泉は社会の組織化の展開，ならびに産業社会の出現と発展のうちに求められ，この意味では企業統治なる問題は，さまざまな切り口からの論議を要する大きな主題である。

企業維持

今日の企業統治が目指す企業体制としての「成熟した社会経済的企業」では，根本的・最終的目的として企業維持が存在する。少なからぬ論者が，現代の根本的な企業目標として企業維持を挙げる。企業維持を巡る論議では資本維持と労働維持が取り上げられてきたが，企業それ自体の維持についても深く論じる必要がある。

企業体制論

企業の本質ならびに構造・行動は企業を取り巻く環境（市場と社会的舞台）の変化に伴い，変容（見方によっては発展・進化）するという企業観。企業統治のシステムは企業体制と合致する必要があり，現代の企業統治は，企業の社会化・制度化という企業体制の今日的特質を反映したものであることを必要とする。

第Ⅱ部

企業統治の動向と課題

第1章　企業不祥事と企業統治

第1節　企業不祥事とは何か

企業は，信用リスクを含む市場リスクにさらされつつも，健全な組織として持続的な成長を願って日々活動している。しかし，経営者・役員・従業員などの不祥事の発生は後を絶たず，それが組織の存続を危うくさせることも少なくはないのである。どんな組織であれ人間の組織である以上法令遵守に係る不祥事を未然に防ぐことは不可能であろう。しかし，その不祥事が組織の信用を毀損し，その存在を脅かしうるものであれば，組織として可能な限り未然防止と，その発生後の損害の拡大防止に努めることが強く要請される。

広辞苑によれば，不祥事は「関係者にとって不名誉で好ましくない事柄・事件」ということである。企業不祥事とは，当事者だけでなく，顧客，取引先，従業員，株主，地域社会などのステークホルダーにとって好ましくない事態を広く表している。日本弁護士連合会は，企業不祥事における第三者委員会ガイドラインを策定しているが，不祥事を「犯罪行為，法令違反，社会的非難を招くような不正・不適切な行為等」と定義している。企業不祥事とは，当事者だけでなく，顧客，取引先，従業員，株主，そして地域社会などのステークホルダーにとって好ましくない事態を広く表している。

本稿では，みずほ銀行と大和銀行を事例研究として取り上げるが，銀行法[1)]には，不祥事件の定義がなされている。これは，銀行員が銀行業務の遂行に関して，詐欺，背任，横領その他の犯罪行為，法律違反行為，現金，手形，小切手又は有価証券その他有価物の一件当たりの金額が100万円以上の紛失，盗難，過不足，銀行業務の健全かつ適切な運営に支障を来す行為等であると示しており，不正・不法行為だけではなくミスや事故も含めている。

第２節　不祥事の分類と特徴

不祥事の原因に焦点を置けば，①私利的動機と企業のためという動機，②作為的原因と不作為的原因，③意図的原因と意図しない原因，④不正の土壌（動機，機会，正当化）からみた原因，⑤分野別にみた原因，⑥組織に起因する原因と制度に起因する原因，などに類型化できる。そして，次のような特徴的傾向がある。①ワンマン経営，②経営者の保身，③利益至上主義，④聖域の存在，⑤業界の慣行，などである。

不祥事を次の４つに分類し，それぞれを定義する。①資産の不正流用，②財務諸表不正，③情報の不正流用，④その他のコンプライアンス違反，などである。これらの発生原因を知り，予防策を考えるうえで，誰が誰に対して行うのかという側面から次の３タイプに分類し，それぞれの特徴や前述の①から④との相関関係，企業に与える影響などについて考察する。

ａ　役員が企業に対して行う不正

ｂ　役員が企業の行為として企業の外に向けて行う不正

ｃ　前述のａ，ｂ以外

企業が対策を要する不祥事の範囲は，企業が統制できない法令・規制の整備の進展および市場・社会の期待の高まりにより拡大し，また，業務の拡大や海外進出という企業の自主的な事情に伴い拡大する。

不祥事の分類①はａ型の典型であり，役員の個人的な利得獲得目的として意図的に行われる。②はｂ型の典型である。③および④は，ａ型のものもあればｂ型のものもあり，またそれ以外のｃ型のものもある。例えば，役員が役員に対して行うハラスメント，役員が個人の行為として行うインサイダー取引などがある。これらの場合は，報道等により，二次的には企業にダメージを与える場合も多いものである。ｂ型，ｃ型については，意図的になされた場合だけでなく，不注意により引き起こされたものでも不祥事になり得るものである。

不祥事の分類②は，単独で発生する場合もあるが，他の分類の不正により併発される場合もある。違法行為は，その結果，企業に罰金や課徴金等が科され，または被害者から損害賠償金等の請求を受け，財務諸表に反映されることが多いのである。違法行為が財務諸表に現れ，企業内，あるいは市場に知れ渡ることを避けるため，財務諸表不正が行われる場合がある。不正行為者の企業内の地位が高ければ高いほど，不正行為への関与者の範囲が広ければ広いほど，また，その数が多ければ多いほど，企業に与える影響は大きいのである。また，ａ型はｂ型に比べて企業に与える影響は小さいが発生の頻度は高いのである。

不祥事・不正の防止に取り組む企業が特定のリスクについて企業への影響度を評価する場合，被害金額の観点からだけでなく，安全衛生，事業運営，風評被害も含めた４つの観点から考慮する必要がある。なぜ不祥事・不正が起きてしまうのか。横領の発生原因を調査し立てられた仮説として知られるCressey（1953）の不正のトライアングルから発生の原因を考察する（図表１－１）。動機，機会，正当化の３つの要素がすべてそろったときに不正は発生するという不正のトライアングル理論を用いるのは，この３要素を分解することによって，不正の兆候や対応策を知る手がかりが得られるからである。

動機と正当化は，人の問題であり，機会は，内部統制の脆弱性の問題である。動機と正当化についての人の心理状態をａ型不正，ｂ型不正それぞれについて論じる。動機があっても，それを正当化しようとする過程において，通常は個人の倫理観が不正の実行を食い止めるはずである。不正行為を行う人格の個人に対して企業が影響を与える，つまり思いとどまらせることができるのは組織風土である。動機についての特筆すべき点は，次のとおりである。ａ型不正では経営陣・管理者・従業員等共通で，個人的なものに起因している。これに対して，ｂ型不正では，経営陣・管理者の場合は外部からのプレッシャーに，管理者・従業員等の場合は社内からのプレッシャーに起因している。すなわち，管理者は，その立場や職場環境により，外部と社内両方のプレッシャーにさらされているといえる。

図表１－１　不正のトライアングル

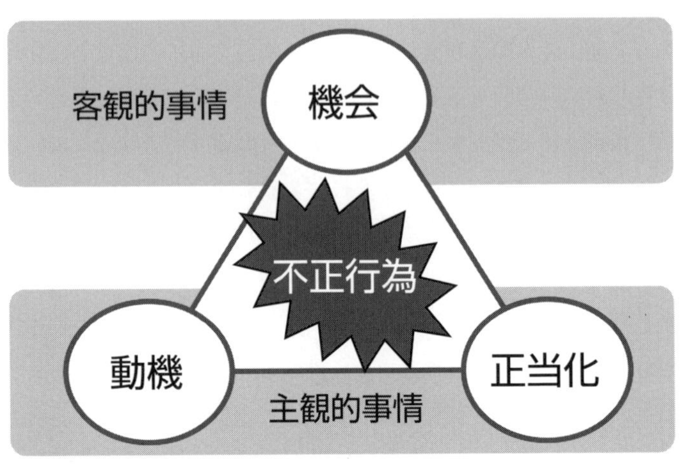

（出所）筆者作成。

b型不正については，当然のことながら社内にプレッシャーをかける経営者自身の姿勢に負うところが大きいのである。管理者・従業員等は，経営陣と比べて相対的に弱い立場にあるため，普段は誠実であっても，非常に強いプレッシャーを受けた場合は，不正を実行する可能性がある。

Cressey (1953) の理論にもう１つの要因を付け加えたのがWolfe and Hermanson (2004) である。動機，機会，正当化に加え，能力という４つの要因が揃ったときに不正は発生するとしている。能力とは地位だけではなくマインドのことである。具体的には，①内部統制の弱点を理解し，自らの地位や権力を最大限利用可能な頭の良さ，②強い自我と大きな自信，③他人に詐欺を犯したり隠したりすることを強要することが可能，④調べられても嘘を突き通せるスキル，などである。Cressey (1953) の不正のトライアングル理論では個人が置かれている環境と個人の内面に焦点がおかれていたのに対して，Wolfe and Hermanson (2004) は個人の不正を実行するにあたっての能力にも言及している。

なお，人の問題に対する経営者の姿勢はコーポレート・ガバナンスの問題である。内部統制の設計は経営者が経営判断として最終決定することから，その限界は経営陣の暴走として論じられてきた。従業員の内部統制で問題となるのは，職務が分離された担当者間の共謀，あるいは行為者と承認者等との共謀であると言われている。ただ，それを防ぐため三重四重の承認を設定することは事業運営の迅速性を損ない競争力の低下を招くものである。

ここでは，まず不正行為の３つの特徴，①不正行為者は発覚を恐れる，②不正の証拠は隠蔽される，③不正な内部統制が弱いところで起きる，などについて論じる。

⑴　不正行為者は発覚を恐れる

内部通報制度の利用度が高い状況を創出することが不正行為者への牽制となり不正の早期発見につながる。これらの点を認識している企業は意外に少ないのである。相談程度の内容も受け付ける窓口の設定といった施策を検討すべきである。例えば，独立性が高く，企業との利益相反に陥りにくい常勤監査役や顧問弁護士以外の外部の弁護士を通報窓口として選択肢に加えることなどが効率的と考えられる。

⑵　不正の証拠は隠蔽されることが多い

不正の証拠が隠蔽されやすい環境は，不正行為者が望む環境であり，それ自体が不正を誘発する。不正を早期に発見するためにも，また不正が発生した場合の処分を確実に行うためにも，不正の証拠が保全されやすいIT環境，情報管理体制の確立が施策として重要となる。

⑶　不正は内部統制が弱いところで起きる

不正行為者は，内部統制が弱いから不正は隠せると考える。したがって，不正リスクが高い領域を把握し，個々のリスクを識別，評価し，費用対効果を加味したうえで，対応を行うことが重要となる。

第３節　企業不祥事の発生要因

不祥事は，組織に要因がある場合と不祥事を防止する制度に要因がある場合がある。本稿で取り上げる銀行では，銀行法施行規則第35条に不祥事件の規定があり，銀行における犯罪行為，法律違反，一定額以上の有価物の紛失等を不祥事件と定義している。また高（2006）は日本社会のように企業性善説という考え方が暗黙のうちに受け入れられてきた社会では，企業そのものが社会に対して信認義務を負うとしており，社会の信認に違背することが不祥事であるとしている。誠実，正直，勤倹，信頼，思いやり，勇気，公正などの理念を理解し共有して倫理的文化を企業に定着させれば，抑止力が働き，自浄作用が効くのである。不祥事事例と内部統制の構成要素は次のとおりである。

〔統制環境〕

① ワンマン経営。
② 市場軽視の経営姿勢。
③ モラルの欠如：過度な成果追求に伴い社員の心に生じる歪み。
④ 迅速・的確な判断の欠如。
⑤ 売上・利益至上主義：業績に対するプレッシャー。
⑥ 業績・財務内容低迷。
⑦ 常務会・取締役会の形骸化：社外取締役，監査役の機能不全。
⑧ 監査役の機能不全。
⑨ 守旧的な風土。
⑩ 不正慣行の放置・恒常化：管理職または親会社からの管理の目が届きにくい組織になってきている。
⑪ 粉飾決算の土壌。
⑫ 特定部門が聖域：経営幹部，管理職の意識改革がなされていない。
⑬ 社会制度上の欠陥利用。
⑭ 会計監査人との癒着：監査法人のレベル低下。
⑮ 危機管理の欠如。
⑯ 現場教育の不徹底。

〔リスクの評価〕

① 緊急対応マニュアルの未整備。
② 法令遵守感覚の麻痺：経営陣からの明確な方針表明がなされていないことと，社内への浸透度の未成熟。
③ リスク感覚の欠如：事業分野の拡大にリスク分析が追いついていない側面がある。
④ 安全管理認識の甘さ。
⑤ 現場・現地任せのリスク評価：事業分野の多様化と連結経営体制の複雑多様化に伴う経営グリッドの甘さがある。
⑥ 実態と合わない規制と現場実務の軋轢。

⑦　組織的な隠蔽体質。
⑧　コスト優先。
⑨　不十分なオペレーションリスクの評価：新規事業分野における実行体制が十分でない。

〔統制活動〕
①　役員・従業員教育の不徹底：人材育成，教育システムの不備がある。
②　歪められた会計処理：会計知識の欠如，恣意的な会計処理を監視できる体制が不十分である。
③　制度の欠陥を悪用。
④　統制活動の阻害：内部統制環境の不備がある。
⑤　取引先の悪用：複数の担当者制あるいはマネジメントによる管理態勢の不備がある。
⑥　コスト優先の操業管理。
⑦　業界規制法令の軽視・無視。
⑧　業界常識の横行。
⑨　業務分掌の集中化。
⑩　二重基準の存在・運用。
⑪　不徹底な操業管理。
⑫　総合的リスク管理の不全：リスク認識が不完全である。
⑬　役員・従業員教育の不徹底。

〔情報と伝達〕
①　会計監査人の活動阻害。
②　情報伝達ルートの遮断：業務プロセス，業務管理体制の不備がある。
③　情報の隠蔽。
④　不正確な情報伝達：業務プロセス，業務管理体制の不備がある。
⑤　情報確認後の不作為。
⑥　消極的な情報公開。
⑦　会計監査人への虚偽報告：会計業務の複眼的チェック機能の不備がある。

〔監視活動〕
①　内部監視機能の不徹底・無機能化：監査役会，内部監査部の機能不全がある。
②　子会社への監視機能の欠如：差し入れ取締役，監査役の資質の問題に加えて，連結経営の深化に伴う関係会社数の増加により，物理的に適切な経営資源を持ち合わせた人材を投入することができなくなる場合がある。

企業不祥事の発生要因は出見世（2017）によれば，経営者が積極的に不祥事に関り，組織的に行われたものには会社利益誘導型と会社損失隠蔽型がある。

会社利益誘導型の事例には，リクルート事件，大昭和製紙事件，富士重工などが挙げられる。会社損失隠蔽型の事例は，カネボウ事件，オリンパス事件，東芝事件などがある。経営者が積極的に関わり経営者個人の不祥事となるのが自己欲望実現型であり，イトマン事件，ライブドア事件，大王製紙事件などが挙げられる。経営者が消極的に不祥事に関与していた組織的な不祥事が問題行動放置型であり，大和銀行事件，雪印乳業の集団食中毒事件，三菱自動車の繰り返される不祥事などがある。また，小山（2017）は，日本企業におけるコンプライアンス活動の実態と特徴を確認し，その目的と構造，限界を論じている。

第4節　事 例 研 究

反社会的勢力との関係遮断はあらゆる金融機関にとって必須の命題である。しかし，政府系金融機関や地方銀行，信用金庫，信用組合などといった地域金融機関等において，大規模・組織的な不祥事や顧客に重大な不利益を与える事例が生じ，金融行政においても業務停止命令・業務改善命令等の厳格な対応が行われている。本稿では，金融機関において発生するおそれのある不祥事を検討し，それぞれの内容とそれらの特性を明らかにする。

金融機関において発生が想定される不祥事としては，①顧客からの預かり財産の着服・流用といった横領事案や情実融資のように故意犯としての性格を有するもの，②顧客情報の漏洩等，事務処理上の過誤・ミスに起因するもの，③振り込め詐欺やATM・インターネットバンキングからの不正引き出しといった金融機関が不正取引に利用されたり，標的となるもの，④説明義務違反，適合性原則といった金融規制法上の違反行為，⑤反社会的勢力との関係遮断における対応不備などといったものが挙げられる。

不祥事発生後に必要となる具体的な対応は，その性質や規模，重大性等に鑑みて，個別に検討する必要がある。

1　みずほ銀行反社会的勢力融資事件

2013年９月27日，金融庁は，みずほ銀行に対し，①提携ローンにおいて，多数の反社会的勢力との取引が存在することを把握してから２年以上も反社会的勢力との取引の防止・解消のための抜本的な対応を行っていなかったこと，②反社会的勢力との取引が多数存在するという情報も担当役員止まりとなっていること等，経営管理態勢，内部管理態勢，法令等遵守態勢に重大な問題点が認められたとして，業務改善命令を発出した[2)]。

ところが，2013年12月26日，金融庁は，みずほ銀行に対して業務一部停止命令と２度目の業務改善命令を発出し，みずほFGに対しても業務改善命令を発出した。この際に金融庁が示した処分理由は次のとおりである。

みずほ銀行は，2010年12月にキャプティブローン[3)]に多数の反社会的取引があることを認識した後も，当時の頭取をはじめとする取締役は，株式会社オリエントコーポレーション（以下「オリコ」）の営業への配慮やキャプティブローンに係る取引は比較的短期で解消されるとの認識などから，キャプティブローンに係る入口チェック及び反社会的取引解消策を含めた課題の洗出しや課題解決に向けての時間軸の設定等，反社会的取引排除の態勢整備について，具体的かつ明確な方策を立てることなく，現場のコンプライアンス統括部任せにして放置していた。みずほ銀行のキャプティブローンを担当する個人グループ担当役員は，キャプティブローンに反社会的取引が相当数存在し得ることや，その後課題解決が図られていないことを承知していたにもかかわらず，個人業務部及びローン営業開発部に，コンプライアンス統括部と連携してオリコ社の支援・指導を行わせておらず，入口チェック導入等の態勢整備に主体的に取り組んでいなかった[4)]。

旧みずほコーポレート銀行の業務管理部担当役員及び業務管理部は，オリコ独自の不芳属性先データがみずほに比べて極端に少ないことや事後チェックにより反社会的認定先が認められている事実を把握していたにもかかわらず，グループ会社の経営管理の観点からオリコ社に対して，反社会的管理の態勢整備について適切な指導・管理を主体的に行っていなかった。

2011年7月以降，当時の頭取をはじめとする取締役は，反社会的勢力への対応に係る社会的要請が高まる中，金融機関の信頼維持には法令等遵守の徹底が決定的に重要であるにもかかわらず，フロント部署に業務推進を優先させ，反社会的管理に当事者意識を持つようコンプライアンス意識を醸成していなかったほか，コンプライアンス担当役員等に適材適所の観点から専門性のある適切な人材を配置していなかった。このような中，当時のコンプライアンス担当役員やコンプライアンス統括部長は，キャプティブローンの内容を理解することなく，事後チェック結果のコンプライアンス委員会等への報告や入口チェック導入及び反社会的取引解消策の検討を行っていなかった。

経営陣は，前回検査における指摘以降も2013年9月27日に業務改善命令を受けるまでの間，キャプティブローンに関する問題の重大性を認識することなく，組織的な課題引継ぎや縦割り組織の弊害などガバナンスを含めた根本的な問題の洗出しやこれを踏まえた抜本的な改善対応を迅速に行っていなかった。経営陣は，2011年3月に発生したシステム障害時の縦割り意識の払拭という教訓を活かさず，関係する各部署・各職員が組織として問題認識を共有し連携を図る態勢を構築できていなかった。取締役会の会議資料は総じて大部で，限られた会議時間の中で経営判断に付すべきポイントが明確になっていなかった。また，コンプライアンス委員会においても，会議資料は総じて大部で重要なポイントが明確でないほか，議事録の記載が簡略であり，議事内容の詳細が確認できるものとなっていなかった。このように，取締役会は，重要事項の審議を行う会議体として，実質的な議論をほとんど行っておらず，その機能を発揮していないほか，経営政策委員会の一つであるコンプライアンス委員会が有効に機能するような方策を講じていなかった。取締役会は，担当役員や所管部の不注意や恣意的な判断により経営陣が課題として認識した事項が欠落することがないように，これら課題を組織的に引継ぎ，PDCAによる進捗管理を行う態勢を構築できていなかった。このため，キャプティブローンに係る経営課題は組織として引き継がれなかった。さらに，前回検査及び銀行法第24条報告において，前提となる事実を誤って回答している。その際，当該報告が一人の担当者の記憶のみに基づいてなされ，過去の会議等資料の確認や関係者への確認が行われないなど，組織的な検査・監督対応を怠った。

みずほFGの取締役会は，反社会的取引排除というグループ一体となって取り組むべき課題に対して，2010年５月にオリコ社の関連会社化の課題として不芳属性対応を認識していたにもかかわらず，グループ内で横展開しておらず，このような課題について子会社の各部任せにしていた。このように取締役会は，持株会社として，2011年３月に発生したシステム障害時の教訓等を踏まえつつ，適切なグループ経営管理機能を発揮していなかった。取締役会は，会議資料が総じて大部で，限られた会議時間の中で経営判断に付すべきポイントが明確になっておらず，十分な議論を行う態勢が整備されていないなど，グループ経営管理に係る重要事項を審議する会議体の運営において，グループガバナンスを有効に機能させる方策を講じていなかった。

2007年６月19日に公表された政府指針が，反社会的勢力との取引を含めた一切の関係遮断を企業に要請した本旨を確認しておく必要がある。暴力団をはじめとする反社会的勢力は，市民や企業を苦しめる暴力を背景にした不当要求を資金源にしている。反社会的勢力に資金を提供することは，反社会的勢力による不当要求を助長することとなり，提供された資金は，市民や企業を苦しめる不当要求に再投資され，新たな被害を再生産することになる。自社の利益のみを守ろうとする企業の利己的で視野狭窄的な資金提供が広く社会一般に対して害悪をばらまくことになる。これが，反社会的勢力に資金提供する企業が強い社会的非難を浴びて事業継続が脅かされる理由である。こうした負の連鎖を断つことが政府指針の前文がいうところの企業の社会的責任であり，コンプライアンスそのものである。

こうした反社会的勢力への融資とその結末には次のような状況が見られる。はじめに，トラブル処理等で反社会的勢力の力を借りると，その報酬は終わることなく何度も要求される。解決は一時的なものに過ぎず，その後，関係者に多大な心労をもたらすものである。銀行組織のために反社会的勢力を利用したつもりが，結果として深く組織を傷つけることになる。融資の形で行われる反社会的勢力に対する報酬は，貸倒になる可能性が高い。そもそも返済の意思は弱いものである。担保として供される資産は殆ど価値がなく，最終保全に寄与しないことが多い。融資や貸倒は帳簿に残り，検査，監査，通報等によって発覚する可能性が極めて高い。反社会的勢力側がプレッシャーを与える意味で公にすることもあり得る。貸倒による損害は背任罪となり，通常，善意無過失とは言えず，行員や職員は有罪となるケースが多い。内容によっては実刑判決もあり得る。反社会的勢力が決済権限のある管理職以上の者に食い込むと損害額は大きくなる。反社会的勢力への融資は業務改善命令等の行政処分の対象となり，金融機関の信用とイメージを著しく傷つける。反社会的勢力への融資があることは，真面目に業務を行っている行員や職員の士気を著しく低下させ，優秀な人材を失うことになる。多くの場合は，経営陣は交代を余儀なくされ，関与した行員や職員は厳しく処分される。

金融機関においては不祥事が発生した場合，速やかに的確な対応をとることが求められている。銀行法施行規則35条９項では，不祥事件の発生を銀行または銀行代理業者が知った日から30日以内に届出を行わなくてはならないとされ，当該義務を懈怠した場合，100万円以下の過料が定められている（銀行法65条４号）。

しかしながら，不祥事件の多くで，理事等の指示・関与により隠蔽を行い，法令等に違反して当局への不祥事件等届出を行っていないとされるなど，行政処分の理由として，不祥事件届出義務の不履行を挙げる例はきわめて多く存在している。

不祥事件届出義務に関する法的な論点として，30日以内の起算日について，金融機関の中の誰が事実を知った時点を銀行が知った日と解すべきかが問題となることがある。この点に関する明確な行政見解等は見当たらないが，銀行が知った日との文言から考えれば，営業店の一職員が不祥事件を認識した日ではなく，銀行が組織として事実を認識したと評価できる時点をもって起算日と捉えることができる。具体的な解釈は個別の事案によって異なるが，遅くとも，不祥事件対応を行う部署や経営陣が事実を知った時点では起算日が到来していると考えるべきである。

反社会的勢力との取引遮断は従前より強く求められているが，2013年12月25日に金融庁は，反社会的勢力との関係遮断に向けた取り組みの推進について次のような方針を示している。

① 反社との取引の未然防止
- 暴力団排除条項の導入の徹底
- 反社データベースの充実・強化
- 各金融機関・業界団体の反社データベースの充実
- 銀行界と警察庁データベースとの接続の検討加速化
- 提携ローンにおける入口段階の反社チェック強化

② 事後チェックと内部管理（中間管理）
- 事後的な反社チェック態勢の強化
- 反社との関係遮断に係る内部管理態勢の徹底

③ 反社との取引解消（出口）
- 反社との取引の解消の推進
- 預金取扱金融機関による特定回収困難債権の買収制度の活用促進
- 信販会社・保険会社等によるサービサーとしてのRCCの活用

さらに，2014年2月25日には，主要行等向けの総合的な監督指針等及び金融検査マニュアル等の一部改正案を公表し，2014年6月4日から適用する。その中で反社会的勢力への対応に係る監督指針等の改正として次のような構成を示している。

a　組織としての対応
b　反社会的勢力対応部署による一元的な管理態勢の構築
c　適切な事前審査の実施
d　適切な事後検証の実施
e　反社会的勢力との取引解消に向けた取り組み
f　反社会的勢力による不当要求への対処
g　株主情報の管理

金融機関にとって，反社会的勢力との取引遮断は従来以上に重要な経営上のテーマになったと言える。

2　大和銀行ニューヨーク支店巨額損失事件

この事例は，従業員不正から組織不正，経営者不正へと発展した内部管理上の重大事件である。第１は，大和銀行ニューヨーク支店のトレーダーが，変動金利債の取引により発生した５万ドルの損失を取り戻すために始めた米国債投資の簿外取引は，1984年から1995年までの11年間にわたり発覚しなかったが，損失は1995年には11億ドル（当時のレートで約1,100億円）にまで膨れ上がり，このトレーダーはついに頭取に顛末を告白したという事件である。簿外で無断売買して生じた損失を大和銀行保有の投資有価証券を売却することで穴埋めしていたものである。大和銀行の本部とニューヨーク支店は事実を確認した上でその隠蔽工作を図った。この事件では，大和銀行がFRB（米国連邦準備制度理事会）とニューヨーク州銀行局による監督当局の検査の際，違法行為について嘘をついてきた事実も暴露された。

第２は，大和銀行の米国現地法人子会社である大和銀行信託会社ダイワ・バンク・トラスト事件で，1976年米国の一般顧客を対象としたリテールバンキングを中心に，主として対米系企業の営業基盤拡大の目的で現地法人として設立された。1980年代半ばより，米国債の先物取引などの投機的事業に手をそめて行き，1984年から1987年までの間に9,700万ドルの損失が発生した。大和銀行の本部とニューヨーク支店・大和銀行信託会社の幹部が，ケイマン諸島や香港などのペーパー子会社を作って損失を隠蔽している。香港の現地法人など海外のグループ会社６社が多額の資金を融資し，1994年に損失をすべて穴埋めした。大和銀行はこのダイワ・バンク・トラスト事件については米国金融当局だけでなく，大蔵省にも全く報告していなかった。

前述の第１，第２のいずれにおいても，大和銀行は，法律で定められた30日以内に米国の監督局に報告する義務を怠った。

第３は，11億ドル損失事件について大和銀行から報告を受けた当時の大蔵省が，それを米国の監督当局に報告することを怠った上に，大和銀行から報告を受けた日について大和銀行と口裏を合わせて嘘をついた事件である。

1996年２月には，大和銀行が司法取引[5]に応じることになり，最大で13億ドル（約1,300億円）の罰金が科される可能性があったが，実際の罰金は約４分の１になった。それでも３億4,000万ドルの罰金は米刑事事件の罰金としては過去最大となった。大和銀行がニューヨーク支店の巨額損失事件で米検察当局との司法取引を急いだ背景には，事件を早期に決着させて経営自体と経営中枢への影響を最小限に食い止めたい事情があった。司法取引を拒めば，米国を舞台にした別の不祥事であるダイワ・バンク・トラスト事件で起訴されて致命傷を負う可能性が強かった。さらに，３月以降に予定されていた証人尋問や公判では，事件発覚後の対応をめぐって大蔵省との異例の対立も予想されていた。

米上院銀行委員会で，グリーンスパン米連邦準備制度理事会（FRB）議長が，米当局への通報の遅れについて，大蔵省の失策であると批判している。1995年８月８日に大蔵省銀行局長が大和銀行側から事件発生の報告を受けながら，９月18日までニューヨーク連邦銀行に報告しなかった不手際であった。

この事件は，大和銀行の従業員，取締役ら役員，大蔵省の一部の職員すべてが法令違反を行ったという稀有な事件である。法令遵守体制の確立・整備については，一般に，従業員の不正行為を未然に防ぐことに主眼が置かれるのが通例である。しかし，取締役ら経営者の法令違反の未然防止のための体制も当然に考慮されなければならないのである。

経営をめぐる不祥事の事例研究ａおよびｂから得られたことがらは次のとおりである。

①　当該企業の法令等遵守意識，リスク感覚，企業風土などに問題が見られる事例がほとんどである。

②　経営トップに法令等遵守意識が希薄で，不祥事に主導的に関与している場合は重大事案に発展しやすい状況にある。

③　業績不振，厳しい競争，無理な目標への執着などを背景に，売上・利益至上主義や過大な目標設定などに走るとき，不祥事リスクが高まる。

④　内部統制体制の不備や機能不全がある場合に不祥事が発生しやすくなる。相応の法令遵守体制が整備されているにもかかわらず不祥事が発生するケースもあり，規程と運用実態の乖離やPDCAサイクルの見直し等が必要である。
⑤　財務不祥事の多くは経営幹部や財務担当役員が主導したものである。また会計監査人が絡んでいる事例も多く存在している。
⑥　不祥事事例の大半において，監査役の姿や動きが見えない状況である。

第5節　企業統治

コーポレート・ガバナンスの目的は，企業の不正行為の防止ならびに競争力・収益力の向上の２つの視点を総合的に捉え，長期的に企業価値・株主価値の増大を目指すことであり，そのための企業経営の仕組み・基本設計はいかにあるべきかという議論が重ねられてきた。しかしながら，みずほ銀行反社会的勢力融資事件や大和銀行事件など国内外において内部統制不備による事件などが起きた。人は監視の眼を無視してまで堂々と不正・不祥事を働くことはできない。経営トップに対しても，内外から複数の強い監視の眼をもたせ，Cressey（1953）『不正のトライアングル』（不正を行うための「動機」,「機会」,「正当化」）の「機会」の要因をなくすことが有効と考えられる。そのためには，企業外部のステークホルダーの中から株主，メインバンク，監督官庁，証券取引所，労働組合等を外部の眼として機能させる必要や，内部の眼として社長と対抗できる独立した機関の眼を据える必要がある。

内部統制の構築が取締役の責任として明確になり，2008年より経営者の作成した内部統制報告書の監査が導入されることによって，内部監査の活動内容が制度の一部として取り込まれることになった。さらに2014年の会社法改正により，会社法348条３項４号，362条４項６号が，取締役会は内部統制システムの整備を決定すると定めた。この結果，内部監査は従前の事務不備検査からリスク管理体制の中核としてリスクベースアプローチによる内部監査へと変化することとなった。取締役には内部統制システムを構築・運用する義務があり，監査役には内部統制システムの構築・運用状況を監視・検証し，必要に応じて取締役に助言・勧告する義務がある。それでも，多くの企業において不祥事が後を絶たないのは，取締役・監査役が所定の義務を行使せず，言うべきことを言い，やるべき監視監督行動を取らないところに起因する。

わが国には企業統治を担う制度として監査役制度がある。監査役とは，取締役及び会計参与の業務を監査する機関であり，会社経営の業務監査と会計監査により，違法または著しく不当な職務執行行為の有無を調査し，有ればこれを阻止し，是正する。すなわち，取締役の職務の執行が法令及び定款に適合しているかどうかを検討する業務及び会計監査（381条）と計算書類等が会社法及び会計計算規則に準拠して適正に作成されたものかどうかについて検討する会計監査（第436条）の２種類が挙げられている。また，監査役の職責については，監査役は，株主の負託を受けた独立の機関として取締役の職務執行を監査することにより，企業の健全で持続的な成長を確保し，もって社会的信頼に応える良質な企業統治体制を確立する義務を負っている。

三様監査は，①外部の会計・監査の専門家たる公認会計士による会計監査と，②コーポレート・ガバナンスを担い，企業や業界の事情に精通した独立性の高い監査役や監査委員会，そして③企業の現場を知る内部監査部門による内部統制機能という三様の監査体制を指すものである。法の規定する連携は会社法397条１項・２項や金融商品取引法193条３などにあるが，条文上明示されているものはわずかであるが，密接なコミュニケーションを取ることで連携して効率的な監査を行うことが期待されている。

企業不祥事の発生防止を含めた実践的な内部環境構築には，三様監査は有効な手段であるが，とりわけ，経営陣と対等な立場で渉り合える監査役を軸に，会計監査人，内部監査人とのきめ細かい情報交換，密接な連携により，各々の監査活動を相互補完的に機能させることが肝要である。外部監査は，被監査会社の公開情報の適正性の監査により投資家の利益を保護し，監査役は，取締役の職務執行の法令及び定款への適合性の監査により株主及び債権者の利益を保護し，そして内部監査は，自社及び関係会社の業務活動の有効性等の監査により自社及び関係グループの健全かつ継続的発展の支援を行う監査形態により複眼的視点での監査活動を実行する。そのうえで，リスクとコントロールの有効な管理のためには，経営者と取締役会の監督と指揮の下で，３つの別のグループが必要である。すなわち，３つのディフェンスラインは，①現業部門の経営者，②経営者が整理するリスク，コントロール，コンプライアンス機能，③内部監査であり，法務部などのいわゆるコンプライアンス部門は第２のライン，内部監査は第３のラインとして区別する。そして，内部監査を他の２つのディフェンスラインと区別するのは，その高度な組織上の独立性と客観性であり，多くの組織では，内部監査の独立性は内部監査部門長と取締役会の直接的報告関係によってさらに強化されている。この３つのディフェンスラインモデルも，内部監査が単なる経営者の手足ではなく，監視委員会又は取締役会の手足ともなっている。

あらかじめ意図したような悪質な事件は別として，多くの不祥事は，組織内で通用している常識と社会一般の倫理観が大きく乖離したときに生じることが多いと考えられる。したがって，これを防止するためには，企業人は社会一般の価値観や外部からの批判に対して敏感でなければならないということである。これまでそうしてきたからとか，他社もそうしているからといった曖昧な理由で済ましてしまうのではなく，そういった過去の因襲や横並び意識はいったん度外視して，自社の経済活動が健全に行われているか，組織内で不適切な処理が行われていないか，あらためて検証してみる必要がある。そして，その場合，企業内のしきたりや慣行にとらわれることは危険である。すなわち，過去のしきたりどおり行っていれば間違いないという意識が危険である。

また，このような意識の変革を実現するためには，日常の業務運営が法令に適合して健全に行われているかを監視し，万一，事があったときには問題に適切に対処し得る体制が企業内に整備されていることも必要である。

企業は一個の有機体であり生き物である。正常な経済活動が続けられる一方で，時として怪我や病気に見舞われることは避けられない。問題は，そのような病理的な現象が発生したときに，それを発見し，治療するシステムが社内に存在し，作動しているかどうかである。早期発見，早期治療は企業にとっても妥当するにもかかわらず，たいていの企業では，日常業務を処理する組織は完備され問題なく機能しているが，いざ事があったときにこれに対処するシステムは極めて脆弱である。

多くの場合，不祥事が発生したときにとられる行動は，まず隠すことであり，担当者，部，課，事業部門と問題が拡大し，ついには企業全体にとっての大問題に発展しても，それを穏便に処理することに汲々として，問題の抜本的な解決策が講じられない。そして，それを講じようとしたときには既に手遅れになっていたということがしばしばある。

組織内の問題点を早期に発見して改善し，問題が顕在化したときには直ちに適切な対処をなしうるような，強力な意思と権限をもった機構が社内に存在すれば，病におかされた部位を最小限の痛みをもって治療し，組織全体を防衛することができる。

以上のように，まず組織内で部門間の風通しをよくすること，さらに組織の内外の風通しをよくすること，いわば開かれた組織にすることが不祥事を防止するための有効な手段である。また，その不祥事の発生原因を突き止め，正すとともに，これを教訓として今後そのようなことが発生しないように適切な策を講じることである。平田（2006）によれば，企業不祥事を抑制・防止するには，すべての構成員に危機意識を植え付けるような教育を施し，そのうえで危機管理を徹底させる以外に，企業不祥事を抑止・防止する手立てはないと論じている。企業不祥事が起こると内容によっては，企業自体が消滅する。経営者も，従業員も，株主も生き残るためには企業内で闘わなければシステムの変更は起きないだろう。不祥事の発生やその疑義が把握された場合に必要なことは，事実関係や原因を解明し，再発防止を図り，自浄作用を発揮することである。

〔注〕

1）銀行法施行規則第９章第35条７。

2）金融庁（2013）「株式会社みずほ銀行に対する行政処分について」。

3）みずほ銀行が行うオリコ社を保証会社とする販売提携ローンである。顧客が，加盟店の店頭でオリコ社のローン契約書に所要事項を記入し，加盟店において，顧客からの商品代金に係る融資の申込みを受付する。オリコ社は，加盟店からのローン契約書をデータベースを用いて，当該顧客が反社会的勢力であるか否かの確認作業を含む審査をする。承認された場合には，オリコ社から加盟店に対して商品購入代金等の資金が交付される。加盟店は，オリコ社からの審査承認通知を受け，顧客に対して商品を渡すものである。すなわち，信販会社において加盟店との間で提携契約を締結し，金融機関は信販会社による審査を経て顧客に対して購入資金相当額のローンを実行し，そのローン債権は信販会社が管理し，分割弁済金も信販会社に振り込まれ，信販会社は提携金融機関にその支払を保証して顧客から保証委託手数料を受領し，提携銀行は信販会社から分割弁済金を受領するという４者提携ローンである。

4）提携ローン業務適正化に関する特別調査委員会（2013）「調査報告書」。

5）検察側と被告側が裁判にかかる時間と費用を節約するために，話し合いで事件に決着をつける米国特有の制度である。被告がより軽い罪を認めるか，複数の起因のうち一部の起因について有罪を認める代わりに，検察側が軽い罪に変更したり，他の罪の起訴を取り下げたりする例が多い。逮捕後，起訴後，公判中のどの段階でも双方が合意すれば成立する。

〔参考文献〕

Committee of Sponsoring Organizations of the Treadway Commission（1992 and 2013）*Internal Control－Integrated Framework*, COSO.（鳥羽至英・八田進二・高田敏文共訳（1996）『内部統制の統合的枠組み　理論篇・ツール篇』白桃書房），（八田進二・箱田順哉監訳（2014）『内部統制の統合的フレームワーク』日本公認会計士協会出版局）

David T. Wolfe, Dana R. Hermanson（2004）The Fraud Diamond：Considering the Four Elements of Fraud, *The CPA Journal*；December.

D. R. Cressey（1953）*Other peoples Money : Study in the Social Psychology of Embezzlement*, The Free Press.

青木崇（2013）「企業不祥事をめぐる諸問題とコーポレート・ガバナンスの必要性―経営者自己統治に向けた課題―」『愛知淑徳大学論集―ビジネス学部・ビジネス研究科篇―』第９号，１－14ページ。

井口俊英（1999）『告白』文春文庫。

石崎忠司（2014）「コーポレート・ガバナンスの不祥事防止機能―論点の整理―」『松陰大学大学院　松陰論叢』第10号，163－180ページ。

石崎忠司（2015）「企業不祥事の原因（財務会計）」『経理研究』中央大学経理研究所第58号，135－155ページ。

井上泉（1998）「ケーススタディ「大和銀行事件」」『日本経営倫理学会誌』第５号，135－144ページ。

井上泉（2015）「みずほ銀行反社会的勢力融資事件に関する諸問題」『日本経営倫理学会

誌』第22号，209－222ページ。
菊池敏夫・平田光弘・厚東偉介編（2008）『企業の責任・統治・再生―国際比較の視点―』文眞堂。
小山巌也（2017）「企業不祥事の発生原因と防止策の検討―コンプライアンス活動の観点から―」『経営哲学』第14巻２号，23－35ページ。
高巌（2006）『「誠実さ」（インテグリティ）を貫く経営』日本経済新聞社。
出見世信之（2017）「企業不祥事の発生原因と防止策―コーポレート・ガバナンスの観点から―」『経営哲学』第14巻２号，13－22ページ。
寺田一彦（2002）『実録大和銀行株主代表訴訟の闘い』中経出版。
日向浩幸（2020）「経営者支配と企業不祥事の研究」『企業経営研究』第23号，47－61ページ。
平田光弘（2006）「新たな企業競争力の創成を目指す日本の経営者の三つの課題（日本発の経営力の創成と環境経営）」『経営力創成研究』第２巻１号，59－71ページ。

第2章　企業社会責任と企業統治

第1節　企業社会責任

本章においては，企業社会責任を「企業体制発展の原理」から導かれた「社会性責任」「公益性責任」「公共性責任」の三種類の責任と位置づけ，中でも「公益性責任」がどのように現代の社会責任基準と符合しかつ企業統治上どのように関わるのかを考察する。「企業体制発展の原理」に基づく理由は，同原理が企業社会責任を果たすための根拠を明確に示しているためである。そしてその中でも「公益性責任」は，一見立場の違いにより解釈が異なってくる可能性のある責任であり，「公平性」という概念を軸に現代の社会責任基準と照らし合わせて整合性を探ることによって，その意義を再確認する。

1　企業社会責任とは

本章における「企業社会責任」とは，一般的には「企業の社会的責任（Corporate Social Responsibility：CSR）」と呼称されることが多い。企業は成長するに伴い社会との接点が必然的に増加することによって，自らの活動が社会に与える影響も増えていく。その逆の現象もまた同様である。その互いに与え合う影響は正の面・負の面両方にわたり，何らかの調整が求められてくることとなる。企業の立場からすれば，この状況で何らかの対応を行う必要が出てくるのであり，その対応を含めた一連の活動が，社会に対して責任を果たすことを意味するようになる。それは企業統治の観点からすると，企業が納得のできる活動を行っていることが社会の側からみて理解できるということである。

企業社会責任の定義として，本章では企業も含めたあらゆる組織に適用されるISO 26000「社会的責任に関する手引」を引用する。ISO 26000においては，

「社会的責任」として以下のように記されている[1]。

組織の決定及び活動が社会及び環境に及ぼす影響に対して，次のような透明かつ倫理的な行動を通じて組織が担う責任。

※　活動：製品・サービス・プロセスを含む

・　健康及び社会の繁栄を含む持続可能な発展に貢献する。

・　ステークホルダーの期待に配慮する。

・　関連法令を順守し，国際行動規範と整合している。

・　その組織全体に統合され，その組織の関係の中で実践される。

※　関係：組織の影響力の範囲内の活動を指す

すなわち企業自身のみならず社会全体の持続可能性重視，ステークホルダー（利害関係者）との関係重視，法令遵守，組織の関わる活動の範囲内での実践といった要素が重視されていることが読み取れる。その際透明であり倫理的であることが前提になる。ISO 26000においては社会的責任の７原則として「説明責任」「透明性」「倫理的な行動」「ステークホルダーの利害の尊重」「法の支配の尊重」「国際行動規範の尊重」「人権の尊重」が定められているが[2]，この７原則は企業活動が社会に理解してもらうことを目指すうえで，企業統治においても重視されるべきものといえよう。これら７原則を軽視した企業統治は社会からの納得が得られるとは考えにくいからである。

2　企業体制発展の原理

企業社会責任を果たすための根拠を明らかにした理論としては，山城章によって提唱された「企業体制発展の原理」を挙げることができる。「企業体制発展の原理」は，度重なる体制発展の結果として，「経営自主体」という企業の在り方に発展するとする理論であるが，その過程において企業が社会的責任を果たすための根拠が明らかになっていく。主旨は以下の通りである[3]。

企業は初め「生業・家業」という企業以前のいわば個人商店の段階から始まり，経営者である主人及びその家族の生計を立てることが目的であったが，やがて競争を経験し生産能力向上を目指すために資本を集めやすい会社組織に改組していく。すると「人的企業」という企業の初期段階へと体制発展し，「資本家」と呼ばれる最も企業に出資した者が経営権を握り，企業目的も利益追求に変わっていく。但し「資本家」の言動が企業全体を動かすので，必ずしも合理的な行動が行われていくとは限らない。やがてさらなる成長のため本格的に株式会社制度を活用していくことによって，様々な投資家が株主として数多く参加するようになり，「資本的企業」という次の体制に発展する。この体制においては，合理的に利潤のみを追求することのみが企業目的となる。しかしさらに企業が成長すると，株主数がより増加することに伴い「資本家」の株式保有率を低下させかつ影響力を減じさせる「株主分散高度化」という現象が生じる。他方で企業規模拡大に伴い経営それ自体が高度複雑化していくことは避けられない。

かくして「資本家」は経営権を専門経営者に委譲し，自ら一株主の座に退く「資本（または所有）と経営の分離」なる現象が生じる。その結果企業体制は次の「現代的企業」すなわちその在り方としての「経営自主体」へと発展することになる。「経営自主体」は「生きた活動主体」として自らの成長・発展（ゴーイング・コンサーン）をはかり，対内的には合理的なマネジメントを行いながら対外的には対境活動という一種の調整活動を営み続ける。このような「経営自主体」を「現代的企業」は常に目指し続けており，企業目的もこれまでの利潤追求一辺倒から企業自体の存続・発展を目指すことに変わる。ただ経営を担う専門経営者はあくまで経営という仕事を担う「機関」であり，主体とまでは位置づけられない（企業自身が主体とされる）。

以上が企業体制発展の原理の趣旨であるが，体制の初期である「生業・家業」から「資本的企業」までにおいては，企業社会責任を意識すべき理由づけには乏しい。「生業・家業」の段階では経営者である主人たちが食べていくことに必死であり，「人的企業」「資本的企業」では利益追求が目的という立場に留まる（後者は特に目的が先鋭的になっている）。それが「現代的企業」に発展すると，企業の存続・発展を目指すことが目的に変わっていくが，その変化した目的を達成するためには企業社会責任を果たすことが避けられなくなる。企業の生産した商品が社会に受け入れられ活用されないことには，企業自らの存続・発展はおぼつかなくなるからである。山城は「現代的企業」の在り方としての「経営自主体」においては，「社会性責任」「公益性責任」「公共性責任」という三種類の社会責任を果たさねばならないと述べており，次項においてその三種類の社会責任について考察する。

3　企業社会責任―公益性責任という視点

「経営自主体」は対内的責任としての「社会性責任」と，対外的責任としての「公益性責任」「公共性責任」という三種類の社会責任を果たす。「社会性責任」とは，社会が求める財・サービス（すなわち商品）を円滑に生産し供給し続ける責任である。そのためには企業の商品生産過程全体を維持・向上させる必要があり，生産体制に必要な各機能を充実化させる（機能主義の貫徹）ことが求められる。「公益性責任」とは，企業を取り巻く様々な利害関係者（ステークホルダー）との関係において，利害を円滑に調整する責任である。利害関係者との関係は対境関係と呼ばれ，利害を巡る様々なせめぎ合いが起こるのであるが，最終的には全ての利害関係者が納得できる形で利害調整を行い相互調和に至るＰ・Ｒ（Public Relations）の関係を目指すこととなる。利害関係者の中には企業自身も一つの生きものとして含まれ，利害を主張する（「社会性責任」を果たすためにも必要とされる）。「公共性責任」とは全ての企業活動において，「してはならないことは行わない」責任であり，すなわち法律や社会的規範に反しない，また公共的秩序を維持し他者に害を与えない責任である。これら三種類の責任は経営という機能を担う専門経営者が経営の仕事において果たすものであり，まずは「社会性責任」を果たすことで生産機能を充実化させることが主眼となり，「社会性責任」を促進させるために「公益性責任」「公共性責任」をも果たしていくこととなる[4)]。

企業統治の観点からすると，「社会性責任」は企業の生産体制の充実化に関する責任であり，企業統治の面で不具合がみられた場合，生産体制に不備が生じかねず，その結果欠陥品が社会に出回る事態にもなりかねない。或いは商品の供給そのものが停止となる事態を招きかねない。その場合は「社会性責任」を果たせなくなってしまうのである。「公共性責任」は法律や社会的規範を遵守する責任であり，企業統治上法律や社会的規範に反する行為を行えば，「公共性責任」を果たせなくなることになる。

一方「公益性責任」は，企業と対境関係を有する全ての利害関係者との利害を調整する責任であり，企業統治の観点からすると「公平性」をいかに担保するかが課題となる。なぜならば特定の利害関係者との関係ばかりを重視かつ利益を供与し続けることは，他の利害関係者からみると明らかに不公平だからである（この点「資本的企業」においては明らかに株主最優先の立場であった）。他方で企業と関わり合いを持つ利害関係者は当然のことながら，全ての利害関係者が同等レベルで企業と関わり合っているわけではない。関わり合い方には利害関係者によって濃淡があり，やはり深く関わり合っている利害関係者の方が重視されることはやむを得ぬことである。すなわち利害調整において，例えば企業が稼いだ利益を何らかの形で配分する場合では，全ての利害関係者に「平等に」配分されるということはあり得ない[4)]。

但し少額しか利益が配分されなかった利害関係者からの納得を得るためには，利益配分において公平であるか否かが重要な観点となる。そしてその「公平性」を担保すること，全ての利害関係者から「公平である」と認識してもらえるかどうかということは，他二つの社会責任と比べると難しい面がある。それは個々の利害関係者の立場によって，「公平」と認識できるか否か分かれる可能性が出てくるからである。往々にして，立場の弱い利害関係者や，何らかの理由で利益配分を大幅に減らされた利害関係者にとっては受け入れがたいという結論を導き出すことになろう。企業統治上明らかに瑕疵があり不公平な利害調整となる場合は問題点が明確となりやすいが，経営陣が公平な利害調整を行ったと認識しながら一部の利害関係者から受け入れがたいという反応が出た場合は，「公平性」の解釈の問題に関わってくる。この場合企業統治の観点から，経営における透明性の確保が欠かせないことが前提になるが，「公平性」を担保するためには何らかの客観的な指標が求められてくることとなろう。

第２節　企業社会責任と企業統治の関係

前節において，企業社会責任とりわけ「公益性責任」においては，「公平性」の担保が責任を果たせるか否かの鍵になると論じた。そのためには何らかの客観的な指標が求められてくるのであるが，近年において成立したISO 26000やSDGsの中に「公益性責任」の考え方と共通しうる要素がみられる。これらの要素が「公平性」の担保につながりうるのかを考察していく。

１　ISO26000の視点

ISO 26000とは国際標準化機構（ISO）によって2010年に策定された，企業を含めあらゆる組織に適用されるガイドライン（手引）のことで，正式名称は「社会的責任に関する手引（Guidance on social responsibility)」である。いわゆる企業の社会的責任もこの範疇に入ることになる。また前述の通り，社会的責任の７原則として「説明責任」「透明性」「倫理的な行動」「ステークホルダーの利害の尊重」「法の支配の尊重」「国際行動規範の尊重」「人権の尊重」が定められている。さらにこの７原則を踏まえた上で，組織にとっての社会的責任の優先順位を設定するため，７つの中核主題を設定している。すなわち「組織統治」「人権」「労働慣行」「環境」「公正な事業慣行」「消費者課題」「コミュニティへの参画及びコミュニティの発展」であり，この中でも「組織統治」は最も基盤的な中核主題として，他６つの中核課題と密接に関連づけられるものである[5)]。

「組織統治」が最も基盤的な中核主題と位置づけられている点に，ISO 26000が企業統治を相当に重視していることがうかがえるが，これまで論じた「社会性責任」「公益性責任」「公共性責任」の観点においては社会的責任の７原則の方に共通する部分が多いと考えられる。「説明責任」「倫理的な行動」「法の支配の尊重」あたりは「公共性責任」の考え方と一致するものであり，「透明性」は「社会性責任」そして「公益性責任」の考え方に通じるものがある。そして「公益性責任」の考え方と最も共通する原則は「ステークホルダーの利害の尊重」となろう。この原則は以下のように記されている6)。

原則：組織は，自らのステークホルダーの利害を尊重し，よく考慮し，対応すべきである。

組織の目的は，その組織の所有者，メンバー，顧客又は構成員の利害に限定されることがあるが，その他の個人又はグループも，権利，主張又は特定の利害をもっていることもあり，この点を考慮すべきである。このような個人又はグループは，まとめてその組織のステークホルダーに含まれる。

組織は，次の事項を行うべきである。

・　誰がその組織のステークホルダーかを特定する。

・　自らのステークホルダーの利害及び法的権利を認識し，当然払うべき注意を払う。また，それらのステークホルダーが懸念を表明した場合はそれに対応する。

・　一部のステークホルダーがその組織の活動に重大な影響を与える可能性があることを認識する。

・　その組織に接触し，関与し，影響力を及ぼすステークホルダーの相対的な能力を評価し，考慮に入れる。

・　自らのステークホルダーの利害と社会のより幅広い期待及び持続可能な発展との関係，並びにそのステークホルダーとその組織との関係の性質を考慮に入れる。

・　そのステークホルダーがその組織の統治において正式な役割をもたないとしても，又は自らの利害を認識していないとしても，組織の決定又は活動によって影響を受ける可能性のある利害をもつステークホルダーの見解を考慮する。

すなわち，まずはその企業にとっての利害関係者（＝ステークホルダー）は誰（またはどの団体）が該当するかを特定することが大前提である。全く関係を持ち得ない個人や組織までも利害関係者に含めることには限界があるからである。その上で，利害関係者から何らかの要求が出た場合，利害の内容や法的根拠を踏まえた上で何らかの対応を行う必要性を示している。言い換えれば，無視し続けることはあってはならないことになる。また利害関係者もそれぞれ影響力に濃淡があり，特定の利害関係者の中には企業経営にまで相当な力を及ぼしかねないものがあることをあらかじめ認識する必要があるというのである。

例えば「親会社－子会社」の関係であれば，親会社の影響力が子会社にとっては圧倒的なものにならざるをえない。それでもその影響力の大きさ自体は認識した上で，その大きな影響力をあるべき方向性に留めておく努力を双方とも図るべきという解釈も取りうる。実際ISO 26000においては，組織と利害関係者間でステークホルダーエンゲージメントという対話活動が行われ，その活動は相互作用的かつ双方向のコミュニケーションを必要とするとされている[7)]。

そして企業活動においては企業統治上取るに足らない存在，或いは自社と関わりがあると自覚していない利害関係者（になりうる存在も含む）との関係においても，企業活動上影響を及ぼす可能性があるのであれば考慮すべきである，としている。

上記の考え方は「公益性責任」の，企業を取り巻く様々な利害関係者との対境関係において全ての利害関係者が納得できる形で利害調整を行い相互調和に至るＰ・Ｒの関係を目指す，という理念を具現化する上で重要な視点を多く示していると考えられる。いかなる利害関係者に対しても利害をめぐり何らかの対応を行うこと，利害関係者の影響力には個々によって濃淡があることを認識した上で，利害関係者と双方向のコミュニケーションを重ねる必要があること（時には利害関係者間でも必要と思われる），そして小規模さらに潜在的な利害関係者をも考慮に入れることがここでは該当しよう。

先述の「公平性」の担保のためには，これらの視点を常に重視することが欠かせないといえる。但し重視することが必要と認識しても，実行に移すための意志や仕組みの構築がさらに求められることは自明であり，それを可能にするためには企業統治が透明に機能しているかが鍵となろう。企業統治面で不透明な部分があれば，特定の利害関係者ばかりを過剰に優遇しないとも限らず，「公平性」の担保に疑問符が付きかねないからである。

2　SDGsの視点

SDGs（Sustainable Development Goals）とは，2015年開催の第70回国連総会において採択された「我々の世界を変革する：持続可能な開発のための2030アジェンダ」において，持続可能な開発目標として2030年までに達成すべきとされる目標のことである。17の目標及びその達成手段を示した169のターゲットが定められており，うち17の目標は以下の通りである8)。

①　貧困をなくそう
②　飢餓をゼロに
③　すべての人に健康と福祉を
④　質の高い教育をみんなに
⑤　ジェンダー平等を実現しよう
⑥　安全な水とトイレを世界中に
⑦　エネルギーをみんなに，そしてクリーンに
⑧　働きがいも，経済成長も
⑨　産業と技術革新の基盤をつくろう
⑩　人や国の不平等をなくそう
⑪　住み続けられるまちづくりを
⑫　つくる責任，つかう責任
⑬　気候変動に具体的な対策を
⑭　海の豊かさを守ろう
⑮　陸の豊かさも守ろう
⑯　平和と公正をすべての人に
⑰　パートナーシップで目標を達成しよう

さらに「我々の世界を変革する：持続可能な開発のための2030アジェンダ」の前文に，以下の文が記されている。

「すべての国及びすべてのステークホルダーは，協同的なパートナーシップの下，この計画を実行する。我々は，人類を貧困の恐怖及び欠乏の専制から解き放ち，地球を癒やし安全にすることを決意している。我々は，世界を持続的

かつ強靱（レジリエント）な道筋に移行させるために緊急に必要な，大胆かつ変革的な手段をとることに決意している。我々はこの共同の旅路に乗り出すにあたり，誰一人取り残さないことを誓う」[9]。

すなわちSDGsを達成する担い手は，全ての国家と利害関係者（ステークホルダー）であり，企業もその利害関係者の一員である。また企業を取り巻く利害関係者も当然含まれることになる（企業と利害関係者間の対境関係においてSDGsが直接的に絡まない場合でも，可能性としては考えられる）。この点は「公益性責任」における対境関係による結びつきによって，せめぎ合いながらもＰ・Ｒの関係を実現しようとするという理念が適用されうる。SDGsではよりパートナーシップが強調される形を取っているが，目指すところは同じといえよう。またアジェンダでは「誰一人取り残さない」という理念がうたわれているが，先述の「公平性」を担保するためにはやはり欠かせない概念といえる。ただ「公益性責任」においては，正確には「誰一人見過ごさない」と解釈し直す必要はあろう。

また環境省はSDGsの17の目標のうち，⑩　人や国の不平等をなくそう，⑯　平和と公正をすべての人に，⑰　パートナーシップで目標を達成しよう，の３目標を「木の幹」に例えたガバナンス項目に分類し，「SDGsが目指す環境，経済，社会の三側面の統合的向上を達成する手段として不可欠なもの」と位置づけている[10]。これに従えば，この３目標の中に含まれるターゲットのうち，以下のものが企業統治上最も重要なものと考えられる。

<⑩　人や国の不平等をなくそう>[11]

- 10.2　2030年までに，年齢，性別，障害，人種，民族，出自，宗教，あるいは経済的地位その他の状況に関わりなく，すべての人々の能力強化及び社会的，経済的及び政治的な包含を促進する。
- 10.3　差別的な法律，政策及び慣行の撤廃，ならびに適切な関連法規，政策，行動の促進などを通じて，機会均等を確保し，成果の不平等を是正する。

企業統治上において透明性の確保は最重要課題といえるが，上記のターゲットにおいては恣意的な人事の撤廃や誰にも納得できる意志決定プロセスを行うことなどが挙げられよう。また「公益性責任」の観点からみると，10.2「すべての人々の能力強化及び社会的，経済的及び政治的な包含を促進する」及び10.3「機会均等を確保し，成果の不平等を是正する」という箇所は，あらゆる利害関係者に適用されるという意味で「公平性」の担保につながりうると考えられる。

＜⑯　平和と公正をすべての人に＞[12)]

・　16.4　2030年までに，違法な資金及び武器の取引を大幅に減少させ，奪われた財産の回復及び返還を強化し，あらゆる形態の組織犯罪を根絶する。

・　16.5　あらゆる形態の汚職や贈賄を大幅に減少させる。

・　16.6　あらゆるレベルにおいて，有効で説明責任のある透明性の高い公共機関を発展させる。

・　16.7　あらゆるレベルにおいて，対応的，包摂的，参加型及び代表的な意思決定を確保する。

上記のターゲットは必ずしも一般的な企業には当てはまらないと考えられる記述部分も含まれるが，あらゆる形態の組織犯罪や汚職・賄賂を無くしていくことは企業統治上必要不可欠であり，「公共性責任」を果たすことでもある。16.6は本来政府や地方自治体向けのターゲットと思われるが，「説明責任のある透明性の高い」ことも企業統治上欠かせない要素である。そして16.7は「公益性責任」の観点からすると，利害の調整においてあらゆる利害関係者と対応し相互に影響を与え合いながらＰ・Ｒを確立していくことと符合するといえよう。

＜⑰　パートナーシップで目標を達成しよう＞[13)]

マルチステークホルダー・パートナーシップ

・　17.16　すべての国々，特に開発途上国での持続可能な開発目標の達成を支援すべく，知識，専門的知見，技術及び資金源を動員，共有するマルチステークホルダー・パートナーシップによって補完しつつ，持続可能な開発のためのグローバル・パートナーシップを強化する。

・　17.17　さまざまなパートナーシップの経験や資源戦略を基にした，効果的な公的，官民，市民社会のパートナーシップを奨励・推進する。

この目標は全般的に開発途上国支援に関する項目が多いが，一般企業にも容易に適用されうるターゲットが上記のマルチステークホルダー・パートナーシップとしての二つである。すなわちあらゆる利害関係者が協力し合うことによって目標を達成していくという主旨であり，SDGs目標達成にあたって企業の保有する経営資源をフルに活用しながら，企業と関係する利害関係者とも協力し合うということを意味する。パートナーシップの考え方は「公益性責任」におけるＰ・Ｒの考え方と共通する点が多く，まさに企業と利害関係者間の理想型といえる。もっともパートナーシップを結ぶためには互いの相性や考え方を少しでも一致させることが求められてくるであろうし，結ぶに至るまでが困難なケースも色々と想定される。この場合も効果的なパートナーシップを結びやすくするための意志及び仕組みづくりが企業統治上求められるのではなかろうか。

第３節　企業社会責任と企業統治―その在り方―

以上，企業社会責任を「企業体制発展の原理」から導き出された三種類の社会責任，中でも「公益性責任」の視点が近年成立したISO 26000及びSDGsと照らし合わせてどの位整合性が出てくるのかを考察した。

ISO 26000との整合性においては，利害関係者からの要求に何らかの形で応えること，利害関係者の中には膨大な影響力を持つ存在を認めながらも双方向のコミュニケーションを深めることで制御に努めること，そして影響力の小さいまたは潜在的な利害関係者の存在をも考慮に入れることが指摘される。重要な点は，全ての利害関係者からの納得を得られるように「公平性」の担保に努めることであり，ISO 26000の項目には該当する部分が多いと考えられる。企業統治面においても素直に実行すれば透明性の確保，さらに「公平性」の担保強化につながると考えられるが，先述のようにその実行のための意志と仕組みづくりは企業の経営陣がどれぐらいそれらの項目の重要性を認識しているかに左右されることも確かである。またいわゆる「モンスタークレイマー」的な利害関係者への対応においては，対応すること自体は重要であるものの，企業自らの利害を主張することを優先すべき状況も出て来よう。

SDGsとの整合性においては，まず目標10のターゲットのうち「全ての人々の能力強化〜」「機会均等を確保」の部分は，あらゆる利害関係者との対応において求められる概念といえる。さらに目標16のターゲット16.7の項目はまさしく「公益性責任」におけるＰ・Ｒの実現に他ならない。様々な段階においても意志決定は利害関係者との影響力の及ぼし合いの末に決まっていくことを奨励している。そして目標17のターゲット17.16及び17.17は，そもそもがマルチステークホルダー・パートナーシップのもとで実現を目指す考え方であり，大小様々な（企業自身も含めた）利害関係者が協力し合いながら目標達成を図る理念に他ならない。

以上のことからSDGsにおいては，あらゆる利害関係者の関わりを保証するという観点が示されており，「公平性」の担保においては重要な視点といえよう。他方でパートナーシップを結ぶまでの過程においては，現実的には様々な困難が予想されることも確かであり，SDGs全般に共通する傾向ではあるが，いささか理想主義的なきらいが感じられよう。ともあれマルチステークホルダー・パートナーシップが実現するためには，ISO 26000の場合と同様に，企業の経営陣の意志の強さ及び仕組みづくり次第といえよう。もちろん企業統治上マルチステイクホルダー・パートナーシップの推進は，どの利害関係者にも見えやすく分かりやすい効果をもたらし，企業統治上の透明性の深化につながると考えられる。

企業社会責任，中でも「公益性責任」を果たしていくことは，あらゆる利害関係者との間にＰ・Ｒの関係を結ぶこと，言い換えればマルチステイクホルダー・パートナーシップの構築につながり，それは企業統治面においても見えやすく分かりやすくなるという意味で望ましいものといえる。しかし企業においてそこに至るまでには，経営者の実行する意志がどれ程あるかに左右されることも指摘できる。経営者の意志をどれ程喚起できるかどうかが鍵であることは確かであり，今後の考察の課題として本章のまとめにかえさせて戴く。

〔注〕

1）ISO／SR国内委員会監修（2011）『日本語訳ISO 26000：2010　社会的責任に関する手引』日本規格協会，40ページ。

2）同上書，57－65ページ。

3）小野琢（2013）「山城章―主体的な企業観・実践経営学の確立者―」『経営学史叢書XIV　日本の経営学説Ⅱ』文眞堂，83－93ページにて詳細に論考。

4）「社会性責任」「公益性責任」「公共性責任」の概念は，山城章（1968）『新講経営学』中央経済社，93－110ページに基づく。

5）ISO／SR国内委員会監修『日本語訳ISO 26000：2010　社会的責任に関する手引』３，17，57－65，79－182ページ。

6）同上書，61－62ページ。

7）同上書，67－78ページ。

8）日刊工業新聞社編，松木喬（2019）『SDGs経営“社会課題解決”が企業を成長させる』日刊工業新聞社，８－15ページにてコンパクトに論考されている。

9）国際連合（外務省仮訳）（2015）「我々の世界を変革する：持続可能な開発のための2030アジェンダ」，前文ページ。

10）環境省ホームページ「平成29年版　環境・循環型社会・生物多様性白書　状況第１部第１章第２節　SDGsの各ゴールの関係と世界の現状」，2021年１月12日閲覧 https://www.env.go.jp/policy/hakusyo/h29/html/hj17010102.html

11）国際連合（外務省仮訳）「我々の世界を変革する：持続可能な開発のための2030アジェンダ」21ページ。

12）同上書，25－26ページ。

13）同上書，27ページ。

第３章　非営利組織のガバナンス

はじめに

本章では，非営利組織の定義と領域を明確にし，非営利組織の１つである社会福祉法人のガバナンスについて整理するとともに事例研究を通してガバナンスの必要性を学ぶ。

第１節　非営利組織の定義と領域

非営利組織の定義は，国や組織のどの側面を重視するかによって異なってくる。また非営利組織に関する法律も改正される。それ故，非営利組織の定義は人により異なり時代とともに変化する。

１　非営利組織の定義

⑴　サラモン（Lester M. Salamon）

サラモンは次の６つの項目に当てはまる組織を非営利組織としている[1)]。

①公式に設立されたもの，②民間（非政府機関），③利益配分しない，④自主管理，⑤有志によるもの，⑥公益のためのもの。

⑵　島田　恒

島田はサラモンの定義を踏まえ，次のような３項目を挙げている[2)]。

①公益に適う独自のミッションを掲げるもの，②民間の働き，③利益配分をしないもの。

⑶　ガスラー（Gassler）

メンバーの誰もが収益と費用の差に対して財産権を持っていない組織である[3)]。

⑷ 吉田忠彦

非営利組織の経営の側面から「営利を主目的にしない民間の組織」である[4)]。

ドラッカーは『非営利組織の経営』(上田・田代訳) において，非営利機関は，人と社会の変革を目的としている。リーダーの使命を定めることが重要であると述べている[5)]。

以上の定義から，筆者は「営利を主目的せず，使命と目標を公益のために行動する民間の組織」と定義する。

2　非営利組織の特徴とその他の組織

図表３－１に示すように，横軸に所有形態として「民間」要素，縦軸に目的として「営利」と「非営利」をとり，２つの次元の組み合わせによって４つの類型に分けて説明する[6)]。

セルⅠ：目的が営利で所有が民間のセルが私企業

株式会社，合同会社，合資会社，合名会社など。

セルⅡ：公企業

公共の所有でありながら営利を追求する組織である。国有企業 (公共企業体)，地方公営企業。国が特別な法律を個別につくった特殊法人。地方自治体で受益者から料金を徴収する地方公営事業。例えば水道局，交通局，清掃局である。独立採算を前提に行政本体から分離され，事業継続のために資金を得るために経営されている。公私合同企業も含む。

セルⅢ：所有は民間でありながら営利を目的としない領域を非営利組織としている。

非営利組織は，営利を目的としないが剰余金 (利益) を得てはならないことではない。非営利組織でも，組織の存続・発展のためには剰余金をえることは必要である。但し，剰余金は主たる事業活動に充てることを原則としている。株式会社が株主への配当ができるが，非営利組織では第三者への利益移転はできない。非営利組織の解散時にも営利組織の場合は，残余財産は出資者間で分配されることになるが，非営利法人では，残余財産は国や地方自治体，同業の法人へ移転され，資金の出資者には変換されない[7]。

法人制度では，民法の一般法にもとづく，一般社団，一般財団，そのうち公益法人認定法（公益社団法人および公益財団法人の認定などに関する法律）により認定を受けた公益法人（公益社団，公益財団），民法の特別法である社会福祉法による社会福祉法人，私立学校法による学校法人，宗教法人法による宗教法人，更生保護事業法による更生保護法人法，特定非営利活動促進法による特定非営利活動法人（Nonprofit Organization：NPO法人）[8]，公益追求を目的としないものの，営利を目的としない協同組合，共済組合がこの領域に入る。

セルⅣ：行政機関

公的な事業管理を効率的に進める管理要素，社会政策的な要素，意思決定には議会，政治的要素，税金を資源とするため公平性・平等性を原則とする。行政サービスの提供の主体である。公務員。

図表3－1　所有と目的による組織の類型

		所　有	
目　的		私	公
	営　利	Ⅰ 私企業	Ⅱ 公企業
	非営利	Ⅲ 非営利組織	Ⅳ 行政機関

（出所）田尾雅夫・吉田忠彦『非営利組織論』有斐閣，2009年，5ページ。

第2節　社会福祉法人のガバナンス

本節では，社会福祉法人の定義と社会福祉法人のガバナンスについて解説する。

1　社会福祉法人の定義と基本的要件[9]

(1)　社会福祉法人の定義

社会福祉法人とは，1951年に制定された社会福祉事業法（現・社会福祉法[10]）により創設された法人である。同法第22条において「社会福祉事業を行うことを目的として，この法律の定めるところにより設立された法人」として定義されている。同法第22条での「社会福祉事業」とは，同法第２条において限定列挙されている第一種社会福祉事業，および第二種社会福祉事業である。

⑵　社会福祉法人の基本的要件

社会福祉法人には，「公益性」，「非営利性」，「主務官庁の許可・認可」といった基本的要件がある。社会福祉法人は，社会福祉事業を行うことを目的とし（公益性）（同法第22条），残余財産は社会福祉法人その他社会福祉事業を行う者，ないし国庫に帰属しなければならない（非営利性）（同法第31条第３項，第47条）。

2　社会福祉法人のガバナンス[11]

厚生労働省「社会福祉法人制度改革について」によれば，公益性・非営利性を確保する観点から制度を見直し，国民に対する説明責任を果たし，地域社会に貢献する在り方を実施するために，社会福祉法人制度が改革された。

福祉サービスの供給体制の整備及び充実を図り，社会福祉法人制度に関して経営組織の機関の責任，義務などを明確にするためにガバナンスの強化，事業運営の透明性の向上，財務規律の強化，地域社会における公益的な取り組み，行政の関与等の改革を進め，福祉人材の確保の促進，介護人材の確保を推進するための措置，社会福祉施設職員等退職手当共済制度の見直しの措置を講ずるために社会福祉法等の一部を改正する法律が平成28年３月31日に公布された。

経営組織のガバナンスの強化では，(i)理事・理事長に対する牽制機能の発揮，(ii)財務会計に係るチェック体制の整備の２点である。具体的には①議決機関としての評議委員会を設置，②役員・理事会・評議員会の権限・責任に係る規定の整備，③親族等特殊関係者の理事等への選任の制限に係る規定の整備，④一定規模以上の法人への会計監査人の導入など。

3　社会福祉法人の組織と機関[12]

社会福祉法人は評議員会，理事会，監事，会計監査人の各機関に対して法人運営に関する事項，業務執行の決定，理事の職務執行の監査，計算書類の監査などを委任する。委任を受けた者（理事・評議員など）は善管注意義務[13)]がある。社会福祉法人の経営組織・機関である評議員は法人運営に係る重要事項の議決機関である。理事・理事会は，業務執行の決定，理事長等の職務の監視を担う。理事長は法人を代表し，業務を執行する。監事は，理事の職務執行を監査する。会計監査人（一定規模以上の法人が必置となる）は，計算書類を監査する。

⑴　評議員会（諮問委員会）

・　評議員：定数は理事の員数以上。

・　評議員会は，法人運営の基本ルール・体制を決定するとともに，役員の選任・解任等を通じ，事後的に法人運営を監督する機関として位置付けられている。従来の評議員会に対し諮問されていた業務執行に関する事項についての意思決定は理事会で行うこととなり，評議員会の決議事項は法に規定する事項及び定款で定めた事項に限定されている。

・　評議員の義務：善管注意義務

・　評議員の権限：評議員会の理事に対する招集請求，議案提案権

・　評議員の責任：損害賠償責任，特別背任罪など

・　評議員会の権限：理事，監事，会計監査人の選任・解任

⑵　理事・理事会（業務決定機関）

・　定数：６名以上，任期：２年以内（再任可）

・　理事は，全ての業務執行の決定や理事会を構成。善管注意義務，損害賠償責任を負う。

・　理事会の職務：業務執行の決定，理事の職務執行の監督，理事長の選定および解職

⑶　理事長の職務及び権限等

・　理事長は，理事会の決定に基づき，法人の内部的・対外的な業務執行権限を有する。対外的な業務執行をするため，法人の代表権を有する。

・　理事長は３か月に１回以上（定款で，毎会計年度に４か月を超える間隔で２回以上とすることが可能），自己の職務の執行の状況を理事会に報告する。

⑷ 監　　事

・　定数：２名以上（法律上１名以上），任期：２年以内（再任可）

・　監事は，理事の職務の執行を監査するために，監事には各種の権限が付与され，また義務がある。監事が複数いる場合，その権限は各監事が独立して行使でき，義務は各監事がそれぞれ負う。

第３節　事例研究　社会福祉法人

本節では事例研究として，社会福祉法人（兵庫県内に本部を置き，以下『当該法人』と称する）のガバナンス改革について取り上げる[14)]。当該法人は平成28年２月兵庫県による指導監査によって(ⅰ)理事会運営，(ⅱ)会計管理（不適切な会計処理），(ⅲ)関係者等との不動産賃貸借取引など当該法人が抱える問題点が指摘された。その後，兵庫県の経営指導強化事業の現地調査（平成29年３月），兵庫県の特別監査（平成29年12月）による勧告を受け法人役員を一新し，現在は再建への道を着実に歩んでいる。

以下，「第三者調査委員会による調査報告書（公表版）」（社会福祉法人　当該法人　第三者調査委員会　委員長Ａ，委員Ｂ，委員Ｃ　平成31年３月29日）に依りつつ，当該法人のガバナンス改革についてみていく。

１　当該法人の概要

①法人：社会福祉法人②設立：平成４年２月15日③法人本部事務所所在地：兵庫県④事業内容：介護保険事業；特別養護老人ホーム・通所介護・短期入所・訪問介護・訪問看護・グループホーム・居宅介護支援，公益事業；サービス付高齢者向け住宅，委託事業；地域包括支援センター・生活支援ハウス⑤職員数：390名（令和２年４月現在）

２　第三者調査委員会の設置に至る経緯等について

⑴　平成28年２月兵庫県指導監査による主な指摘事項

①　理事会機能が形骸化し，理事会，評議員会，監事のいずれもが健全に機能をしていない。

・　事業計画が理事会に諮られていないこと。

・　補正予算の編成がしていないこと。

・　決算における監事監査の機能が十分に果たされていなこと。

②　不適切な会計処理

・「未払費用」の計上額の操作により意図的に次年度に繰り延べた。

・　有価証券の時価評価がなされていない。

・　賞与引当金の適正額の引当がなされていない。

③　当該法人が抱える問題点

・　関係者等を通じて不動産賃貸借取引など多くの取引を行っており，決算書だけでは全体像が見えなくなっている。

⑵　平成29年３月兵庫県経営指導強化事業現地調査による指摘事項

①　関連会社からの不動産賃貸借契約を鑑定賃料による適切な価格に改定すること。

②　公用車を関連会社から高額にリースしていることについて原因究明すること。

③　前理事長の公用車の私的使用部分について当該法人へ返還させること。

以上の指摘に対しても当該法人は速やかな対応を実施することができず，その実施責任者である前理事長の責任についても理事会は軽い処分で済ませようとしていた。

⑶　平成29年12月兵庫県の特別監査による勧告

・　当該法人運営が著しく適正を欠き，緊急に是正・改善を要すると認められたので，社会福祉法第56条第４項に規定に基づき勧告が行われた。

・　勧告の主な内容は，前理事長は関係者等との取引等による不適切な業務委託契約，及び関係者等との取引等で鑑定評価額をはるかに超える不当に高額な不動産賃貸借契約等により当該法人に損害を与え，当該法人の社会的信用を著しく毀損した責任は重大であり，評議員会及び理事会において厳しく責任を追及するとともに，これらの事項を改善できる役員体制への抜本的見直しが勧告された。

・　以上により当該法人が受けた損害額は約89万百円と理事会は認定した。

⑷　平成30年10月23日第三者調査委員会設置

①　調査委員会設置の経緯

・　前記の特別監査による勧告を受けて当該法人の理事・監事は平成30年7月5日までに責任を取って全員が辞任をしたが，翌月8月7日までに前理事長を含む理事が辞任を撤回し8月20日の理事会で前理事長親族を含む理事6名の選任を承認した。

・　兵庫県は，これらの一連の動きを受けて，親族の留任や当該法人側の「妨害行為が顕著になった」ことを理由に平成30年8月29日法第45条の6の規定に基づき職権で一時役員を選任した。

・　一時役員会は諸課題の改善を実施するため，特定の役員，当該役員の親族その関係者に対する特別の利益供与に係る実態の把握，原因の究明，当該法人ないし関係行政庁の損害額の把握と回復措置並びに責任の明確化を行い，今後取り組むべきガバナンスの課題や方策を検討し再発防止に資することを目的として第三者調査委員会を設置した。

②　調査委員会の構成

弁護士，公認会計士，大学教授からなる3名で構成。

3　調査委員会による原因分析

⑴　社会福祉法人制度についての理解が不十分

社会福祉法第24条「社会福祉法人は，社会福祉事業の主たる担い手としてふさわしい事業を確実，効果的かつ適正に行うため，自主的にその経営基盤の強化を図るとともに，その提供する福祉サービスの質の向上及び事業経営の透明性の確保を図らなければならないと。」と定められている。

当該法人においては，この「事業経営の透明性」に問題があった。勤務実態が不明確な状態で創業者に報酬を付与していたこと，私的に利用していた公用車のリース代を法人が負担していたこと，親族が役員を務めるファミリー企業と不相当な金額で取引をしていたこと，必要性がないにもかかわらず高額の対価を払う約束をして地上権を取得したことなど，あらゆる場面において，法第24条における「事業経営の透明性」を確保できていなかった。

その大きな要因は次の通りである。

① 社会福祉事業が公金によって運営されており，事業経営の透明性がより求められるという認識が十分ではなかった。

② 社会福祉法人と一般の会社の区別がついていないという根本的な問題がある。

創業者は当該法人設立のため多額の寄付を行っている。出資と寄付を混同していたがために勤務実態が不明確であっても創業者ゆえに報酬と言う形で，配当に類似した支払いを受けることが当然であると考えていた。

⑵ 理事会の形骸化

① 社会福祉法では，理事の義務の主なものとして，善管注意義務，利益相反取引の制限，評議員会における説明義務，監事に対する報告義務などがある。

しかしながら，当該法人の事業計画等について理事長の説明を鵜呑みし，疑義を唱える理事は皆無であった。これは「承認」ありきの理事会であるがゆえに，土地の購入，株式の購入，新規事業の立ち上げといった重要案件が理事会に諮られていないという事に繋がっている。

善管注意義務：民法第400条にある「善良なる管理者の**注意義務**」のこと。民法第400条は，特定物（中古車，美術品，不動産のように物の個性に着目して取引される物）の引き渡しの**義務**を負う者は，その引き渡しが完了するまでは，その特定物を「善良なる管理者の**注意義務**」をもって保存しなければならない，と定めている。

② 理事会は評議員会への説明義務を果たしていない。

⑶　監事監査の形骸化

① 社会福祉法上の監事の主な権限として，理事の職務執行の監査，監査報告の作成，計算書類等の監査，事業の報告要求，業務・財産の状況調査，理事会の招集請求，理事の行為の差し止め請求，会計監査人の解任などがあげられる。

にもかかわらず，監事は理事会で理事と共に意見を述べるにとどまっている。

借入過多により経営破綻が危惧されることになっても，不正経理等で県から特別監査が入っても，監事が何らかの動きを見せている様子は見受けられていない。評議員会にも報告がない。

⑷　評議員会の怠慢

① 社会福祉法上の評議員の権限は，議題の提案，議案の提案などがあり，評議員会の権限として，理事，監事，会計監査人の選任・解任，定款の変更，計算種類の承認，社会福祉充実計画の承認，合併の承認などがあげられる。

② 理事の選任・解任は評議員会の責務であることから，理事長に対する退任勧告が出されたときに評議員会は動くべきであったにも関わらず理事会からの報告を待ち続けるというのは評議員会としての職務をどのように考えているのか疑問が残る。

③ 評議員会としては，県からコンプライアンス違反を指摘された時点で，理事会に報告を求め，是正措置をいかに取るべきか検討すべきであった。

コンプライアンス違反に対しては，評議員会，理事会，監事と何重にも監視の目があったが，それぞれの職務についての理解が不十分であるために組織としての自浄作用を持ち得ていなかったところに問題があった。

⑸　計画性の欠如

組織として自浄作用が機能しないところに，計画性の無い事業展開が行われている。

地上権の設定を行ってから活用方法を考えている子育て支援ハウス事業や採

算性に疑問のあったデイサービス事業のなどを実施し多大の赤字となっている。

(6)　ノンコンプライアンス

値引きが禁止されている介護保険サービス費用の値引きをするなど法令遵守が徹底されていない。

創業者が理事長を務める別の社会福祉法人でも同様に法令遵守違反が起きており介護保険法の指定を取り消されている。

法令や手続きといった定められたことを遵守する姿勢に欠けていることが今回の様々な問題を引き起こす原因の一つであったと思われる。

４　再発防止のための提言

以上の原因分析から，再発防止のための提言として次のことがあげられた。

①　役員等が社会福祉法人制度に対する十分な理解を深め，それぞれの機能を発揮させること

社会福祉法人制度に対する理解を深めることができる研修の受講機会の確保が必要である

②　法令，手順等の遵守を役職員に徹底させること

業務のマニュアル化，チュックシートの導入

③　不正を指摘できる環境を整えること

法人内部に外部の第三者を通報先とする公益通報制度の確立（令和元年６月１日制定）

④　創業家の関与を排除する

⑤　コンプライアンスの徹底

⑥　ガバナンスの確立

５　経営改善計画の策定[15)]

(1)　計画作成の経緯

平成30年８月に新たな役員体制が発足して以降，大きな課題である旧役員への責任追及，及び経営改善に向けた方策について理事会等で協議を重ねられて

きた。

旧役員の責任追及については，第三者調査委員会の調査報告書を受け，令和２年１月27日旧役員に対する損害賠償請求訴訟を提起するなど着実に取り組みが進められている。

一方，法人の経営は，旧経営者の計画性の無い事業拡張を「銀行借入」による資金調達で展開するなど，放漫経営そのものであり，その結果，直近６期にわたって業績が低迷し，多額の赤字を計上するなど，財政構造の改善が求められていた。

今回，財務構造のみならず，法人経営全般について会計専門家を交え，法人を挙げて過去の事業の総点検を行うなど，課題の抽出を行い健全な法人経営を目指し令和２年７月に経営改善計画が策定された。

計画期間は予測可能性や実効性を勘案し，令和５年としたこの計画を「新生当該法人」の三年後のあるべき姿を示した「中期ビジョン」の実現に向けた方策として，多様化する介護ニーズに的確に対応しながら，健全な法人運営に取り組むものである。

⑵　資金収支の改善等について

①　当期活動増減差額及び資金繰り悪化の原因

旧経営陣の放漫経営，数々の不適切な行為及び多額の借入による返済負担等があり，その結果，当期活動増減差額が継続して著しく悪化し，多額の資金流出が生じることとなった。

②　当期活動増減差額及び資金繰り改善のための方策

・　事業活動の改善

早期に取り組むべき課題として五つの視点（「財務の視点」・「業務改善の視点」・「人材育成の視点」・「利用者の視点」・「地域公益の視点」）から実効性ある経営改善計画取組目標を設定し，収益を改善し資金収支の改善を図る。

・　適宜適切な借入による資金繰りの改善

・　令和６年度以降の対応

・　令和５年度までの各種方策は，法人の事業運営を維持するための最低限の方策であり，利用者への更なるサービスの向上及び職員の安定的な雇用の維持を実現するためには，令和６年度以降も経営環境及び各種方策の実現を加味しながら改善を図る。

６　ガバナンス体制の強化

旧体制下での評議員会，理事会の構成は創業者の関係者や前理事長の友人知人で構成されており第三者調査委員会報告でも明らかになったように，評議員会，理事会が健全に機能しておらず形骸化していた。又法人組織も理事長，法人本部長（理事長兼務），統括苑長（理事長の姉）に権限が集中しチェック機能が働いていなかったことから，新体制下へ移行と同時に執行役員会（理事長，常務理事，弁護士理事，会計士理事，事務局長で構成）を設置し，理事会を補完する役割を担っている。

併せて，組織の見直しを行い権限が集中しない体制の再構築（当該法人新旧組織図表３－２参照）を行うともに，新たな規程等の制定（公益通報規程，組織規程，決裁規程，法令遵守規程，監事監査規程等）や改正（定款施行細則，就業規則，給与規程等）を行い，又，旧体制下における関係者等との不適切な契約についても見直し等を積極的に行った。

『社会福祉法人は，社会福祉事業の主たる担い手としてふさわしい事業を確実，効果的かつ適正に行うため，自主的にその経営基盤の強化を図るとともに，その福祉サービスの質の向上及び事業経営の透明性の確保を図らなければならない。（社会福祉法第24条）』にいう「経営の原則」を十分に理解しつつガバナンス体制の強化並びにコンプライアンスの更なる徹底を図るべく，当該法人は新生法人としてのスタートを切った。

（注記）　文中の「関係者等」とは，創業者一族（元理事長，前理事長，元苑長，前苑長）並びにファミリー企業を総括した表現である。

図表３－２　当該法人新・旧組織図対比

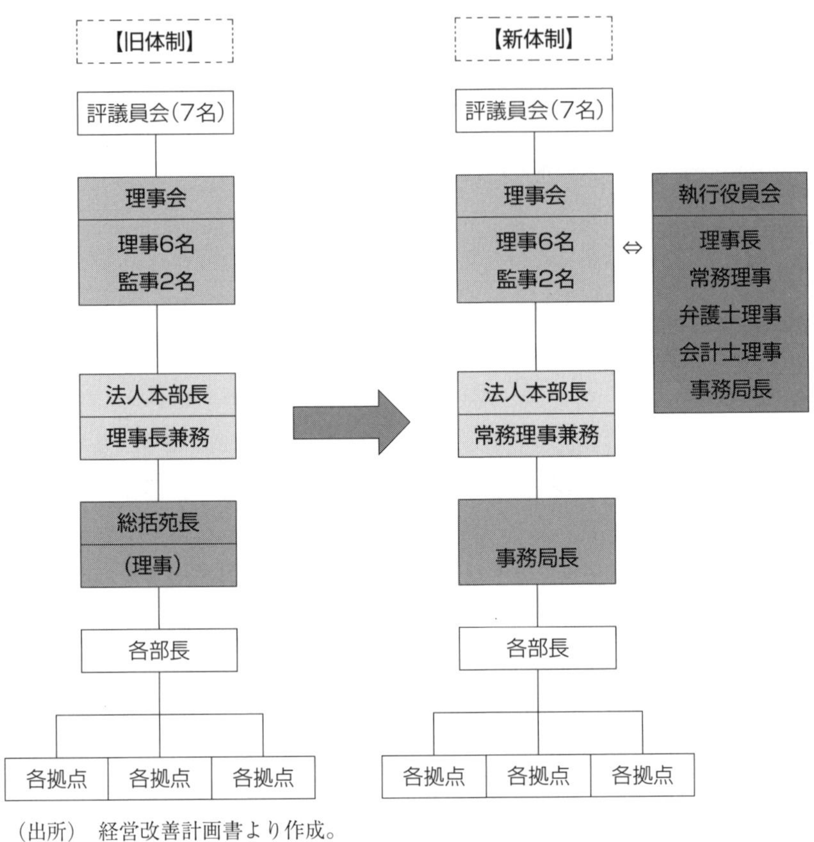

（出所）　経営改善計画書より作成。

むすび

非営利組織のガバナンスについて，非営利組織の１つである社会福祉法人の定義と領域について概説した。兵庫県に所在する社会福祉法人が不祥事から改革しその後，堅実に新法人として着実に歩んでいる経過について論述した。その経過から，再発防止の提言と経営改善計画の取り組みから社会福祉法第24条に基づく経営原則の実行：確実・効果・適正，社会福祉法人の高い公益性の立場から独自の経営論の展開：法人本部の充実と透明性，計画に基づく事業管理，財務管理の情報開示，資質の向上のための人事管理が必要とされる。社会福祉法人の特殊性を理解しガバナンス体制の強化をしなければならないことがひしひしと感じられた。それとともに，経営者・管理者は組織・企業を社会的存在であることを自覚して，コンプライアンスを忘れることなく利用者・顧客満足のために社会的使命を果たしていることを深く自覚しなければならない（社会福祉法人のガバナンスについては厚生労働省「社会福祉法人のガバナンスについて」第３回社会福祉法人の在り方に関する検討会（平成25年）「社会福祉法人制度改革について」詳しい）。

〔注〕

1)　島田恒（2009）『非営利組織のマネジメント』東洋経済新社報社，31－32ページ。

2)　同書，32ページ。

3)　SHAMIMA AHMED（2013）Effective Non-Profit Management Tylor & Francis Group. LLC p. 2.

4)　田尾雅夫・吉田忠雄『非営利組織論』有斐閣，４ページ。

5)　P. F. Drucker（1990）Managing：The Nonprofit Organization.（上田惇生／田代正美訳（1991）ダイヤモンド社，５ページ）

6)　同書，４－７ページに依拠している。

7)　吉村典久／田中和弘／伊藤博之／稲葉祐之（2017）『企業統治』中央経済，154－155ページ。

8)　特定非営利活動促進法は，特定非営利活動を行う団体に法人格を付与すること等により，ボランティア活動をはじめとする市民の自由な社会貢献活動としての特定非営利活動の健全な発展を促進することを目的として，平成10年12月に施行された。
　特定非営利活動促進法では，保健，医療または福祉の増進を図る活動など20項目が公益的・非営利活動とされている。

9)　社会福祉士養成講座編集委員会（2016）『福祉サービスの組織と経営』中央法規出版，30－31ページ。

10)　社会福祉法（昭和26年法律第45号）
　第一条目的　この法律は，社会福祉を目的とする事業の全分野における共通的基本事項を定め，社会福祉を目的とする他の法律と相まって，福祉サービスの利用者の利益の保護及び地域における社会福祉（以下「地域福祉」という。）の推進を図ると共に，社会福祉事業の公明かつ適正な実施の確保及び社会福祉を目的とする事業の健全な発達を図り，もって社会福祉の増進に資することを目的とする。
　第二条　定義　この法律においては「社会福祉事業」とは，第一種社会福祉事業及び第二種社会福祉事業をいう。

第一種社会福祉事業：1．生活保護法に規定する救護施設，厚生施設などの事業，2．児童福祉法に規定する乳児院，母子生活支援施設などの事業，3．老人福祉法に規定する養護老人ホーム，特別養護老人ホームなどの事業，4．障害者支援施設の事業，5．婦人保護施設の事業，6．授産施設の事業

第二種社会福祉事業：1．生活困難者に対する生活に関する相談に応ずる事業，2．児童福祉法に規定する障害児通所支援事業等13項目にわたっている。

第四七条　残余財産の帰属　解散した社会福祉法人の残余財産は，合併（合併により当該社会福祉法人が消滅する場合に限る。）及び破産手続きの決定による解散の場合を除くほか，所轄庁に対する清算決了の届出の時において，定款の定めるところにより，その帰属すべき者に帰属する。

2　前項の規定により処分されない財産は，国庫に帰属する。

11）厚生労働省「社会福祉法人制度改革について」衆議院再可決・成立・公付平成28年３月31日　Microsoft PowerPoint - ★社会福祉法人制度改革について（170310更新用）（mhlw.go.jp）

https://www.mhlw.go.jp/file/06-Seisakujouhou-12000000-Shakaiengokyoku-Shakai/0000155170.pdf（2020年８月４日アクセス）

12）厚生労働省　社会福祉法人の経営組織

https://www.mhlw.go.jp/seisakunitsuite/bunya/hukushi_kaigo/seikatsuhogo/shakai-fukushi-houjin-seido/02.html（2020年８月４日アクセス）

衆議院再可決・成立・公付平成28年３月31日　Microsoft PowerPoint - ★社会福祉法人制度改革について（170310更新用）（mhlw.go.jp）

13）善管注意義務とは，善良な管理者の注意をもって，委任事務を負うこと。（民法400条）

14）社会福祉法人　当該法人　第三者調査委員会「調査報告書」（公表版）平成31年３月29日に依拠している。

15）社会福祉法人　当該法人「経営改善計画書」令和２年７月に依拠している。

第4章　企業統治と米国スタンダードの行方

はじめに

現在アメリカ企業は株主価値に基づく経営が行われているといわている。この株主価値に基づく経営を基盤とする企業統治の傾向が，どのような方向に展開するかを考えるのが本章の目的である。本章において，まず現在のアメリカ型企業統治が形成されたプロセスを歴史的な背景を含め概観を試みたい。また，株主価値を高める企業統治を重視する経営を付託される取締役会についての問題点を含め理解することも併せて目的としたい。

本章において企業統治の歴史的変遷を概観するにあたり，その期間は概ね1930年代から2000年代以降までを対象とする。アメリカでは1900年前後に大企業が次々と成立し，アメリカはビッグ・ビジネスの時代を迎えることになる。例えば，ゼネラル・エレクトリック（1892），フォード（1903），GM（1908）など著名な企業が成立した。この時期に成立した企業は急速に規模を拡大した。規模の拡大とともに，運営の複雑化や専門化という状況が出現した。ここで株式をほとんど所有していないにもかかわらず，経営を専門とする専門経営者が所有型経営者に代わり経営を担うことになった。ここに所有と経営の分離という現象が生じることになる。この時期にはアメリカ各地の大学において次々と経営大学院（MBA）が設置され，経営を専門に学んだ人材を輩出することになる。MBAの資格を得ることはビジネスの社会で活躍する一つの条件となった。MBAを取得すると入社時点から高い収入を期待できたのである。ハーバード大学（1908），コロンビア大学（1926）などアメリカ各地の大学に経営大学院が設置されていくが，これは専門経営者を必要とする時代の要請でもあった。

この時期に創業者一族の経営から専門経営者による経営への転換という内部の支配構造の変化をアメリカ企業は経験することになる。これが「会社はだれのものか」「経営監視機構はどうあるべきか」など企業統治に関する議論が出始める契機となった。こうした議論について『近代株式会社と私有財産制』と題する著作が1932年バーリ／ミーンズの手により出版され，企業統治論研究の始まりとなった。

第1節　米国スタンダードの形成

1　1930年代

1930年代は企業統治に関する議論の始まりの時期とされるが，それは1932年にバーリ／ミーンズの著書により「所有と経営」の分離が提起されたことによる。これは所有型経営者に代わり専門経営者が経営の実権を握るという支配構造の変化を指している。専門経営者が企業経営に関する政策立案，決定および施行について支配権を行使する企業を経営者企業と呼ぶ。こうしたことは，企業規模の大規模化と関連している。企業規模が拡大すると従来の所有型経営者では企業経営を担いきれなくなると同時に，株式の分散により大株主の地位にあった所有型経営者の持つ支配力は相対的に弱体化し支配力を行使することが困難になる。こうした状況を背景に，経営に関する専門的知識やスキルを身につけた専門経営者が企業経営の中枢である取締役の選任権を掌握する状況が現れた。専門経営者は大量の株式所有はしておらず，もっぱら自身の専門的知識を頼りに経営の実権を掌握していったのである。こうして専門経営者は会社の政策決定に深く関与し支配し始めた[1)]。

2　ウォール・ストリート・ルール

大企業成立初期の企業外部からの企業への牽制（けんせい）の例としてウォール・ストリート・ルールがある。これは端的に表現すれば，投資先の企業経営者の経営手法に不満を抱く場合，保有する株式を売却しその投資を引き上げ経営から離脱する，というものである。企業統治の一つの手法として行使されたものであり，株式市場を通じて経営者に不満を表明する手段であった。この手法を使い株式を売却すると株価の低下を招き，その経営に対して市場の評価を低下させる効果がもたらされ，経営者はこのような事態の発生を恐れ，投資家の期待を損なうことのない規律ある経営活動を実践すると期待するものであった。投資家の要望に応える経営を実践させる手段としてこのルールは用いられたのである。つまりこのルールは，企業経営者に対して監視や監督を市場を通じて行使する，という意思表明であった2)。

3　経営者支配と機関投資家の登場

専門経営者による経営が進行する中で，これまでにはなかった現象が起き始めた。それは「無機能株主」と呼ばれる人々の出現である。このような人々は会社経営にはほとんど関心を示すことはなく，彼らの関心はもっぱら株価の変動によるキャピタルゲインや配当などのインカムゲインを期待して株式投資に参加する人々であった。会社経営に対して何ら関心を示さない投資家の登場は，専門経営者が会社経営のあらゆる側面で支配力を強化することにつながっていく。さらにこの時期はに後にアメリカ企業の経営に大きな影響を与えることになる豊富な資金を保有し株式投資を実行する機関投資家（institutional investor）が登場してきたことである。CalPERS（The California Public Employees' Retirement System，カリフォルニア州職員退職年金基金）などが代表格であるが，そうした機関投資家は企業経営に介入し始め，専門経営者の意思決定に対して大きな発言力を行使するようになっていく。多額の資金を株式に投資する彼らの行動は，企業の重要な意思決定にまで影響力を行使する存在となった。こうしたことが経営者優位という状況に変化をもたらすことになった3)。

4　機関投資家の成長と合併運動

アメリカは何回かの企業の合併運動を経験した。第１次合併運動は19世紀末から20世紀にかけて起こり，トラストや持株会社といった手法で合併が推進された。第２次合併運動は1920年代に起こり，その後1960年代には第３次合併運動が始まりコングロマリット（conglomerate：複合企業）型の合併が推進された。

第３次合併運動を推進した主体として機関投資家の活動をあげることができる。1930年代以降成長してきた機関投資家は，投資先を求めて株式市場や債券市場で存在感を増していた。機関投資家は，1960年代コングロマリットが合併を次々と実行する際の有力な資金供給者となり，60年代の合併ブームを資金面で支える存在となっていた。

1960年代後半からアメリカの巨大企業の企業統治は，経営者の手を離れ再び株主のもとへと回帰する様相を呈し始めた。株式が広く流通し分散すると，株式市場において敵対的買収の手法を用いた買収が誘発される事態が起き始めたためである。これを契機に株主の利益を守ろうとする動きが起こり始めた。かつて経営者革命によって企業の統治者は経営者へ移行したかにみえたが，株主が再び投資先企業への影響力を増大していくことになった4)。第４次合併運動は1980年代以降に始まりTOB（Take-Over Bid：株式公開買い付け）などの手法が採用され進行した。このように機関投資家は，アメリカ企業の企業統治へ大きな影響を与える存在となっていった。機関投資家は，1930年代以降大量の株式保有を背景に企業経営に介入し，専門経営者の意思決定に影響力を行使する存在となっていく5)。

5　機関投資家の行動の変化

1950年代以降株主利益の最大化を目指す企業経営を実践しようとする経営者が実権を握り始めた。この傾向を加速させたものにエリサ法（1974）の制定（Employee Retirement Income Security Act：従業員退職所得保障法）がある。この法律は受給者の保護を目的に制定された連邦法を指す。この法律の裏付けもあり機関投資家は，業績の悪い投資先企業の株式の売却を行わない代わりに，積極的に投資先企業の経営に対して意見する行動に出た。これは株主行動主義（shareholder activism）と呼ばれ，機関投資家による企業経営者に対する株主価値の最大化を実現させる牽制の一環とみなされた6)。

1980年代以降，アメリカでは経営者支配から株主主権を回復して，株主価値の最大化を推進しようとする動きが強まった。株主主権に基づくアメリカ型企業統治，すなわち株主主権に基づく経営者の監督・規律付けを重視する企業統治が形成され始める。アメリカでは80年代に入り第４次合併運動が起き，この流れは90年代に急拡大した。1980年代には，特に敵対的TOBが顕著に増加した[7)]。

例えば，敵対的TOBに対して経営者が経営力不足により経営判断を誤るなど迷走し，株主利益を侵害する事案が発生すると，機関投資家は株主権を強力に発揮する行動に出た。機関投資家は投資先企業の動向を判断し，議決権を背景に投資先企業との関係性を重視した行動を取り始めた。すでに述べた株主行動主義とは，株主総会において議決権や株主提案権などを行使し，株主に与えられている権利を余すところなく主張することである。こうしたことを主体的に実行したのは機関投資家であった[8)]。

６　株主主権の復活

1980年代にはいると，株主主権に重きを置く企業統治が活発化した。この背景となったものは，先にふれたが，経営者の経営能力への疑問視であった。当時，多くの大企業が生産性の伸び悩みによる企業業績の悪化や国際競争力の低下といった企業経営における課題に直面していた。こうしたことが経営者の解任の動きやM&A，TOBの急増につながったといわれる。このような動きは，経営を不安定化させる要因ともなった。こうした経緯を踏まえ，経営者の企業活動を外部からの監視の強化を通じて，経営の健全性や効率性を確保し，企業業績の向上を促進し株主利益の最大化を図ろうとする考え方が注目された。これが現在に至るアメリカにおける企業統治の基本的考え方となった。1980年代には，エリサ法が制定され分散投資が義務付けられ，これまでのような短期的利益確保を目的とする投資は影を潜め，長期・分散型投資が主流となり始めた。こうした要因が機関投資家の行動を変化させることになった。投資先の企業に対して長くその企業との関係性を維持することで，経営者に対する監視強化・規律付けを迫る行動が主流となり始めた[9)]。

7　株主行動主義

1990年代以降の株式所有構造は個人投資家約５割，機関投資家約４割，その他とされている。機関投資家のプレゼンスの増大は，企業統治に大きな変容をもたらす要因になったことはすでに述べたとおりである。その重要な点の１つは，機関投資家が株主行動主義に基づき社外取締役を派遣するようになり，これが企業経営に大きな影響を及ぼすことになったことである。社外取締役は，経営活動の監視役として最も機動的なメンバーとして期待された。加えて1980年代後半から，株主利益向上に貢献する取締役会の構成メンバーとして社外取締役数の増加を推奨する裁判所の判決が相次ぎこの傾向を促進した。これを契機に，社外取締役を取締役会メンバーに迎えることが企業統治を十分に機能させるという認識の形成を促進した。

一方，経営者の規律付けの手段としてストックオプションの活用が1990年代後半から盛んになった。経営者に対するストックオプション制度の活用は，企業価値を向上させることが結果として経営者自身が受け取る報酬と連動していることを認識させた。経営者が自社の価値向上のため規律ある経営を実践し，経営者は企業利益の向上が自身の利益と連動していることを意識した経営を行い，企業価値を毀損するような行為は慎むだろうとの期待であった[10)]。

1990年代取締役会の改革が進んだが，その背景として機関投資家による株主行動主義が改革の圧力となったことをあげた。1990年代には株主行動主義は経営者との関係性を重要視した投資活動へと展開を遂げた。この行動の重要点としていくつかの視点がある。それらは経営者との対話の重視，投資家の関与を強化することを通じて投資先の経営を監視する。さらに解決しなければならない課題が生じたとき，それを指摘し改善を求める。さまざまな機会をとらえ経営者側と接触し意見交換の場を持つ，などの内容を持っている。こうした活動を通じて，投資先の業績を向上させるのが狙いである。これを有効に機能させるためには，経営者と投資家との間を仲介する社外取締役が果たす役割に期待がかかった。機関投資家が積極的に企業経営に関与し，株主価値を高める役割を担い，社外取締役は派遣され投資家の利益向上を目指し行動した[11)]。

8　取締役会のメンバー構成の変化

1950年代以降のアメリカでは，大企業の取締役会のメンバーは大部分が社内取締役であった。しかし1980年代に入ると社内取締役が占める割合は２割以下になったとされる。社内取締役に代わって社外取締役が増加し取締役会の構成メンバーが変化した。社外取締役（outside director：外部取締役ともいう）の増加の背景は次のようである。第一の要因は，企業に対する社会的監視の強化である。社外取締役となった人々は，企業の内部における各種管理活動には関与せず，もっぱら企業の社会的責任の遂行を監視し，経営全般における各種政策の立案や策定プロセスに重要な役割を果たした。企業に対する社会からの意見を反映させることが主要な任務だったのである。身分的には非常勤の取締役であり，消費者運動や労働組合の代表者や大学教授などの学識経験者が主要なメンバーであった。

企業は社会的責任を負っているという視点からすれば，外部の人々を企業の社外取締役として迎え入れることは，社会のさまざまな意見を取り入れ社会に貢献していこうという姿勢を明らかにすることである。それは社会と調和的な関係構築にとって重要なことであった。こうした取り組みはアメリカから外国へも波及し，ヨーロッパや日本にも及んでいる。ここでの注目点としては，社外取締役を務めているメンバーのなかには，当該企業の経営者の知人であったり，社外取締役自身も大企業の経営者であったりするなど，当該企業の経営をチェックする機能が十分に果たされているかどうか疑わしいとの見方である。しかしながら企業を取り巻くステークホルダーを社外取締役として取締役会のメンバーに迎え入れることは，企業の社会的イメージ向上には重要なことであったと考えられる[12)]。

第２節　企業不祥事と企業統治改革

1　企業不祥事の発生

アメリカでは，1990年代末期にITバブルが起き，経営者たちは株式市場における自社株の価値の最大化を目指し奔走した。大企業には株価至上主義が蔓延り，不正に株価操作をするなど違法行為に手を染める経営者まで現れ始めた。そのような経緯の中で，2000年以降社外取締役に求められた経営者を厳格に監督するという機能が十分に発揮されない企業の事件が相次いだ。

2001年12月エンロン事件，2002年７月にはワールドコム事件が発覚し，事件後両社は経営破綻するという結末を迎えた。この相次いで発生した企業不祥事は，企業統治の根底を揺り動かす衝撃を社会に与えた。これら事件は企業に関する問題，なかでも不正会計の防止は如何にあるべきかを提起した。この２つの事件は，企業経営者の尽きることのない金銭欲，会計処理に対する倫理観の欠如，経営者の暴走を未然に防止できなかった取締役会のあり方，会社を監査するはずの監査法人の不正への関与や隠ぺい，機関投資家による外部チェック機能の不十分さの露呈など，さまざまな問題を提起した。この事件は，投資家の企業統治に対する信頼を失墜させたばかりでなく，経済にも大きな損失をもたらした。これらの事件を受けアメリカ株式市場では，巨額の株主価値が失われることになった。1990年代以降機関投資家の圧力により株主本位の企業統治が確立したかにみえたが，株主利益を毀損する企業の不祥事が相次いだのである[13)]。

2　企業改革法の制定

２大企業事件を深刻に受け止めたアメリカは，ブッシュ大統領（当時）の署名の下で2002年にサーベンス・オクスリー法（Sarbanes-Oxley Act）を制定した。この法律は，いくつか名称があり「米国企業改革法」，「SOX法」などとも呼称される。正式には「Public Company Accounting Reform and Investor Protection Act of 2002」である。この法律は企業会計の信頼性を高めることを第一義的な目的としている。目指すものは投資家利益の保護であり，法律の中身は，企業会計や財務報告の透明性，正確性，信頼性などを高めるというものである。さらに企業内部の統治は如何にあるべきかや監査制度改革の推進，投資家の利益の保護のために経営者が遵守すべき責務，さらに違反した場合の罰則規定を盛り込んだ包括的な内容となっている。

この法律の成立は，その後日本において日本版企業改革法を成立させるなど企業統治に多大な影響を与えることとなった。この法律は両事件を教訓として，経営者に対して規律の厳守を求め，株主の利益をいささかも損なってはならないという強い決意が込められている。それは投資家の利益を最優先で保護するものであり，経営者に対し規律の遵守を厳格に要求しているものとなっている[14)]。

3　取締役と執行役員

アメリカでは企業不祥事の発生を契機に，経営者の暴走を許してしまった取締役会メンバーの機能を高めるための改革が行われたことは既に述べたところである。その重要点は，取締役会メンバーの独立性をさらに強化する独立取締役の導入である。取締役（director）は，社内取締役（internal director）と社外取締役（outside director）に区分される。業務執行については，その役割を果たす役員（officer：オフィサー）は，株主総会で選任された取締役で構成する取締役会で選任される。取締役会で決定された全社的計画や経営戦略を彼らは実行し，その成果は取締役会に報告され，そして監査され，最終的に株主総会で報告される。この点を考慮して，取締役と執行役員の業務は区別される必要がある。

アメリカでは，1980年代まで多くの企業で取締役とCEO（最高経営責任者）などの経営執行役員を取締役会メンバーが兼務してきた。このような形態は，執行役員の経営責任に対する取締役会の監視機能の形式化を招き，取締役会の十分な機能の発揮の妨げとなっていた。こうしたことの結果として，取締役がCEOを兼務することによりCEOへの権限や権力の集中が進んだため，内部的な企業統治の観点から兼務を分離すべきとの意見が出始めた。1990年代に入り，機関投資家が介入し分離を進めた結果，アメリカ企業の取締役会は業務執行と経営監視機能を分離し，監視機能を強化する方向へと大きく舵を切った[15)]。

4　取締役会改革と各種委員会設置

エンロン事件に象徴されるアメリカ企業による不祥事の発生は，その要因となった不正会計をめぐり株主の不信感を高めた。これを契機に成立した企業改革法は，上場企業の取締役会のメンバーには，取締役の独立化を促進するため独立取締役をメンバーに加えることを義務化し，企業内部における監督機能の強化を図った。同法は独立取締役就任について厳格な条件を規定している。同法の規定を受け証券取引委員会は，ニューヨーク証券取引所などに対して企業統治強化のための要請を行い，上場基準の改正を実行した。上場企業は，取締役会メンバーのなかに独立取締役が過半数を占めなければならない，という規準を設けたことであった。また取締役会の中に指名委員会，報酬委員会，監査委員会の各種委員会の設置が要請され，殊にすべての上場企業に監査委員会の設置が義務づけられた[16)]。

おわりに

以上，アメリカにおける企業統治が現在に至るまでどのように推移したかを概観し，米国タンダードの形成過程を確認してきた。ここでは以上の記述から明らかになった点をいくつか取り上げ「おわりに」としたい。

アメリカは，1900年前後にビッグ・ビジネス時代を迎えた。企業内部の支配構造は，所有者型から専門経営者が経営を担う経営へと移行した。初期の外部からの企業統治に対する意思表示は，ウォール・ストリート・ルールにより表明された。すでにこのころから機関投資家が活動をはじめ，同ルールを推進する主体となった。機関投資家の台頭による株主行動主義は，経営者の意思決定に大きく影響を与えるようになり，株主主権の復権と思われる状況が出現した。2000年代に入り企業不祥事が引き金となり，株主価値は毀損された。そこで社外取締役の機能が十分発揮されていないことが明らかとなった。アメリカ政府は不祥事の再発防止に取り組み，異例の速さでサーベンス・オクスリー法を成立させた。この法律の理念は，株主や投資家の利益を最優先するものであり，それらを実現するために社内のコントロール体制を法律により強化しようとするものであった。独立取締役や各種委員会の設置など，社内の企業統治体制の一層の充実強化を図るものとなった。

米国スタンダードの特徴は，取締役会における取締役と業務執行役の役割の分離，取締役会の構成メンバーは社外取締役が過半数を占めること，社内に各種委員会を設置しそのメンバー全員は社外取締役で構成するといというものである。機関投資家は取締役会の改革を促進するために社外取締役を送り込み，外部監視を強化した。同時に執行役員制の導入を加速させ，ガバナンスとマネジメントの分離を促進した。このように法律や制度が整備されてきたが，株主価値を実現するには企業業績の向上が必要である。さらに社会と調和した持続可能な企業成長を図らなければ企業業績維持は容易ではない。こうした点を踏まえ今後の動静を注視したい。

〔注〕

1）　地主敏樹・村山裕三・加藤一誠（2012）『現代アメリカ経済論』ミネルヴァ書房，42ページ。
2）　経営学史学会編（2012）『経営史辞典　第２版』文眞堂，207ページ。
3）　安部悦生・壽永欣三郎・山口一臣（2002）『ケースブック　アメリカ経営史』有斐閣，６－７ページ。
4）　地主敏樹・村山裕三・加藤一誠（2012）『現代アメリカ経済論』ミネルヴァ書房，42ページ。
5）　安部悦生・壽永欣三郎・山口一臣（2002）『ケースブック　アメリカ経営史』有斐閣，234－250ページ。
6）　佐久間信夫編著（2014）『よくわかる企業論』ミネルヴァ書房，93－99ページ。
7）　安部悦生・壽永欣三郎・山口一臣（2002）『ケースブック　アメリカ経営史』有斐閣，245－246ページ。
8）　佐久間信夫編著（2014）『よくわかる企業論』ミネルヴァ書房，99ページ。
9）　伊東健市・中川誠士・堀龍二（2010）『アメリカの経営・日本の経営』ミネルヴァ書房，33－36ページ。
10）　伊東健市・中川誠士・堀龍二（2010）『アメリカの経営・日本の経営』ミネルヴァ書房，34－36ページ。
11）　佐久間信夫編著（2014）『よくわかる企業論』ミネルヴァ書房，99ページ。
12）　安部悦生・壽永欣三郎・山口一臣（2002）『ケースブック　アメリカ経営史』有斐閣，335－336ページ。
13）　佐久間信夫編著（2014）『よくわかる企業論』ミネルヴァ書房，100－101ページ。

14)　佐久間信夫編著（2014）『よくわかる企業論』ミネルヴァ書房，99－100ページ。
15)　伊東健市・中川誠士・堀龍二（2010）『アメリカの経営・日本の経営』ミネルヴァ書房，34－36ページ。
16)　佐久間信夫編著（2014）『よくわかる企業論』ミネルヴァ書房，97－97ページ。

〔参考文献〕

伊藤健市・中川誠士・堀龍二編著（2010）『アメリカの経営・日本の経営―グローバル・スタンダードの行方―』ミネルヴァ書房。

菊池敏夫・金山権・新川本・編著（2014）『企業統治論―東アジアを中心に―』税務経理協会。

菊池敏夫・櫻井克彦・田尾雅夫・城田吉孝編著（2018）『現代の経営学』税務経理協会。

鹿毛雄二（2009）「アメリカ型コーポレート・ガバナンス」の誤解」日本取締役協会。

日本貿易振興会海外調査部（2003）『米国の企業統治調査報告書』https://www.jacd.jp/news/column/ 090907_post- 27.html.

湯沢威編集（2005）『外国経営史の基礎知識』有斐閣ブックス。

第５章　企業統治とコーポレートガバナンス・コード

はじめに

金融庁と東京証券取引所が2015年６月１日に公表したコーポレートガバナンス・コード（Corporate Governance Code）は2018年６月１日に改訂し，５つの基本原則を中心に78原則（改訂前は73原則）から構成されている。コーポレートガバナンス・コードは東京証券取引所第１部と第２部の上場会社に78原則が適用されている。コーポレートガバナンス・コードは該当する上場会社に企業価値の向上を求めるための行動指針を意味している。該当する上場会社は様々な利害関係者と適切に協働しつつ実効的な経営戦略のもとで中長期的な収益力の改善を図ることが求められている。コーポレートガバナンス・コードが導入されて以降，企業は自社のガバナンスのあり方，方向性を含めた具体的な議論を重ねており，自社のガバナンスの仕組みや情報開示のあり方，取締役会と経営会議を見直すきっかけになっている。

企業が３つある形態の企業統治（監査役設置会社，指名委員会等設置会社，監査等委員会設置会社）を選択するかはその企業の置かれた環境，経営戦略のあり方によって異なってくる。企業統治は万能ではなく，メリット，デメリットを理解し，デメリットについては検証しておく必要がある。近年は社外取締役の確保が問題になっている。社外取締役といっても企業の株主ではなく，企業との関係がない独立社外取締役を意味している。企業は社外取締役または社外監査役と連携を取りながら情報共有し，社外の視点，意見を受け入れるといったことが重要になってくる。社外取締役は経営の監督，助言のほかに経営の変化を促す役割が期待されている。

コーポレートガバナンス・コードは企業が遵守すべきルールではあるが，すべてのことを遵守する必要はなく，遵守しない場合はそれ相応の説明を行えばよい。法的拘束力および罰則はなく，コーポレートガバナンス・コードをどのように対応していくかは企業の方針と裁量によって異なってくる。一方でコーポレートガバナンス・コードは比較的簡単に適用できるため，形式的な対応になっているという指摘がある。社外取締役の確保のほかに任意の指名委員会，報酬委員会の設置，取締役会における経営者の後継者計画の監督，取締役における女性，外国人の登用の少なさといった問題がある。コーポレートガバナンス・コードは2021年春頃に改訂予定であり，社外取締役の人数，比率を引き上げ，取締役会の多様性が検討される見通しである。

本章では企業における改訂コーポレートガバナンス・コードの適用状況と課題について考察を行う。具体的には日本の企業統治改革について論述し，改訂コーポレートガバナンス・コードの特徴，指名委員会，報酬委員会の設置状況，コーポレートガバナンス・コードの適用状況における課題として，社外取締役に求められる役割と検討事項について考察を行い，知見と残された課題について提示することにしたい。

第１節　日本の企業統治改革

昨今の日本企業に共通する企業統治の考え方は意思決定の迅速化，経営の監督と執行の分離，経営の効率化，経営責任の明確化，コンプライアンス体制の充実・強化，リスク管理体制の充実・強化，経営の透明性であり，これらをもってして企業価値の向上を目指している。

日本では1980年代終わりにかけて企業統治改革を見ることができる。平田（2008）によれば，①法律の改正をはじめとする企業統治改革の制度的基盤作り，②経済団体からの提言，③ソニーが先鞭をつけた企業統治改革について論証している。

①の法律の整備，施行，改正は現在も行われている。2006年５月１日に会社法が施行し，2015年５月１日に改正会社法が施行した[1)]。それにより，新たな

機関設計として監査等委員会設置会社が設置された。これにより，従来型の監査役設置会社，指名委員会等設置会社（以前は委員会設置会社），監査等委員会設置会社の３つが企業統治システムとなった。

2007年９月30日には金融商品取引法[2)]が施行し，内部統制報告制度が2008年４月１日以降の事業年度に適用された。金融商品取引法が米国のサーベンス・オクスリー法の一部の条文に類似していることから日本版SOX法ともいわれた。

②の経済団体からの提言についてはその後，経済産業省，法務省，金融庁，東京証券取引所，日本監査役協会，日本取締役協会などが２名以上の社外取締役の導入，CEO（Chief Executive Officer：最高経営責任者）・経営者の選解任や評価，報酬に関する基準およびプロセス，役員候補者の育成・選抜プログラムの作成と実施などの観点から攻めのガバナンスの実現を目指している。

しかしながら，法律改正，各種機関の提言をもってしてもベネッセコーポレーション，日本マクドナルドホールディングス，オリンパス，東芝，東洋ゴム工業，三菱自動車工業，旭化成建材，三井住友建設，日立ハイテクノロジーズ，日産自動車，神戸製鋼所，SUBARU（2017年３月31日までの商号は富士重工業），三菱マテリアル，東レ，かんぽ生命保険などの企業不祥事が跡を絶たずにいる。東芝については複数の社外取締役がいて，優良企業の株価指数であるJPX日経インデックス400に採用されていたため，優れた企業統治の手本とされていた。だが，実際には内部監査部門は社長直属であり，不正の事実を知りながら監査報告書に記載せず，隠蔽に加担していたこと，元CFO（Chief Financial Officer：最高財務責任者）が監査委員長を務めていて，監査委員会のメンバーである社外取締役のうち２人は元外交官であった。優れたガバナンスが必ずしも優れた経営に結びつくわけではないことを意味する結果となった。

③の企業の自主的な企業統治改革として，ソニーは1997年６月，38名いた取締役を10名（３名は社外取締役）に減少し，執行役員に27名（７名の社内取締役は兼任）が就任した。経営の効率化と企業競争力の強化を目指したソニーの企業統治改革は2003年６月に当時の委員会等設置会社（現在は指名委員会等設置会社）

に移行した経緯があった。

ソニーは1988年から1989年にかけて米国のCBSレコード，コロンビア・ピクチャーズを買収し，米国子会社の経営を監督するためには取締役会や役員の権限を明確にする必要があった。そのため，ソニーがまず経営の監督と執行の分離を行ったのである。買収した海外子会社のガバナンスをどうすべきかが1990年代の企業統治改革の発端であった。

2010年以降は政府が推進する日本企業の稼ぐ力の向上のため，金融庁が2014年２月26日に日本版スチュワードシップ・コード（Stewardship Code）を公表（2017年５月29日改訂，2020年３月24日再改訂）した。背景には日本経済が長期にわたって低迷を続ける中，機関投資家，一般の株主が企業の取り組みを後押しするような企業統治の見直しが必要であったことから政府は稼ぐ力をキーワードにした施策を行った。具体的には攻めのガバナンスの実現として，社外取締役の導入，ROE（Return on Equity：自己資本利益率）10％以上，取締役会の実効性を高める評価，機関投資家への情報開示と対話，経営者育成などの検討がなされてきた3)。

第２節　コーポレートガバナンス・コードの基本原則と基本的な考え方

コーポレートガバナンス・コードは企業統治における遵守すべき事項を規定した行動指針である。コーポレートガバナンス・コードは①株主の権利・平等性の確保，②株主以外のステークホルダーとの適切な協働，③適切な情報開示と透明性の確保，④取締役会等の責務，⑤株主との対話の５つの基本原則を中心に78原則から構成されている4)。このことを新たに東京証券取引所（2018）を参考にしてまとめたのが図表５－１である。

図表５－１　コーポレートガバナンス・コードの５つの基本原則

＜株主の権利・平等性の確保＞
上場会社は株主の権利・平等性を確保すべき。 株主の権利の実質的な確保→株主が総会議案の十分な検討時間を確保するための対応（招集通知の早期発送等）。 株式の政策保有→方針の開示，経済合理性の検証に基づく保有の狙い等の説明，議決権行使基準の策定・開示。
＜株主以外のステークホルダーとの適切な協働＞
上場会社は，企業の持続的成長は従業員，顧客，取引先，地域社会などのステークホルダーの貢献の結果であることを認識し，適切な協働に努めるべき。 社会・環境問題をはじめとするサステナビリティ（持続可能性）をめぐる課題に適切に対応。 社内における女性の活躍促進を含む多様性の確保の推進。
＜適切な情報開示と透明性の確保＞
上場会社は法令に基づく開示を適切に行うとともに利用者にとって有用性の高い情報を的確に提供すべき。
＜取締役会等の責務＞
締役会は会社の持続的成長を促し，収益力・資本効率等の改善を図るべく，①企業戦略等の大きな方向性の提示，②経営陣の適切なリスクテイクを支える環境整備，③独立した立場から実効性の高い監督等の役割・責務を果たすべき。 独立社外取締役の活用→持続的成長と中長期的な企業価値の向上に貢献できる人物を２名以上選任すべき。 ３分の１以上の独立社外取締役が必要と考える会社はそのための取り組み方針を開示。
＜株主との対話＞
上場会社は持続的な成長に資するとの観点から株主と建設的な対話を行うべき。

（出所）　東京証券取引所（2018）を参考にして，筆者作成。

冒頭で触れたが，コーポレートガバナンス・コードに法的拘束力はない。行動指針に規定する内容について原則的には遵守すべきだが，遵守できない場合は相当の理由を説明すべきであるといったコンプライ・オア・エクスプレイン（Comply or Explain）の考え方に基づいている。

５つの基本原則のうち取締役会等の責務には独立社外取締役の活用として２名以上選任すべきとの記載がある。東京証券取引所によれば，第１部の上場会社で社外取締役が２名以上の割合は2011年が15.0％，2012年が16.7％，2013年が18.0％，2014年が21.5％，2015年が48.4％，2016年が79.7％，2017年が88.0％，2018年が91.3％，2019年が93.4％，2020年が95.3％である。コーポレートガバナンス・コードを適用した2015年から増加していることがわかる。第１部の上場会社で社外取締役が３分の１以上の割合は2014年が6.4％，2015年が12.2％，2016年が22.7％，2017年が27.2％，2018年が33.6％，2019年が43.6％，2020年が58.7％である。第１部の上場会社で社外取締役が過半数の割合は2014年が1.4％，2015年が1.4％，2016年が2.5％，2017年が2.9％，2018年が3.2％，2019年が4.3％，2020年が6.0％である。

コーポレートガバナンス・コードの基本的な考え方は図表５－２のように，①攻めのガバナンスの実現，②株主との対話を通じた中長期投資の促進，③プリンシプルベース・アプローチ（原則主義），④コンプライ・オア・エクスプレインの４点がある。コーポレートガバナンス・コードを適用した上場会社はコーポレート・ガバナンスに関する報告書（法定開示）で実施するか，実施しないといった理由を説明する必要がある。

図表５－２　コーポレートガバナンス・コードの基本的な考え方

＜攻めのガバナンスの実現＞ 会社の意思決定の透明性・公平性を担保し，迅速・果断な意思決定を促進。
＜株主との対話を通じた中長期投資の促進＞ 中長期保有の株主を企業にとって重要なパートナーと位置づけ，株主と企業の建設的な目的を持った対話によって，中長期投資を促す効果を期待。
＜プリンシプルベース・アプローチ（原則主義）＞ 抽象的で大掴みな原則について関係者がその趣旨・精神を確認し互いに共有したうえで自らの取り組みが形式的な文言・記載ではなく，その趣旨・精神に照らして真に適切か否かを判断。
＜コンプライ・オア・エクスプレイン＞ コーポレートガバナンス・コードは法令とは異なり法的拘束力を有する規範ではないため，企業は個別事情に照らして実施することが適切でないと考える原則があれば，その理由を十分説明することにより，一部の原則を実施しないことも想定。

（出所）東京証券取引所（2018）を参考にして，筆者作成。

第３節　改訂コーポレートガバナンス・コードの特徴

改訂コーポレートガバナンス・コードは14の原則，補充原則を変更，新設している。大きく分類すると図表５－３のように，①取締役会の機能強化，②経営者の選解任，報酬の透明性強化，③投資家との対話促進の３項目があげられる。

①は独立社外取締役の活用，独立した諮問委員会の活用，取締役会の多様性の確保等，②は経営者の選解任手続き，経営者の報酬決定手続き，後継者計画への関与，③は政策保有株式の縮減，政策保有株主との関係，ESG情報の開示などについての説明を求めている。

経済産業省（2018ｂ）によれば，経営者の交代と後継者の指名は企業価値を左右する重要な意思決定であり，十分な時間と資源をかけて後継者計画に取り組むことを指摘している。経営者の選解任，後継者計画の監督に関して，法定の指名委員会（指名委員会等設置会社）または任意に設置した指名委員会（監査役設置会社，監査等委員会設置会社）を活用することを検討する必要がある[5)]。会社法上，経営者の選解任は取締役会の権限とされている。取締役の選解任は株主総会で決められる。指名委員会，報酬委員会は経営者の指名，報酬について実質的な監督機能を担うことから取締役会と指名委員会，報酬委員会が一体として実効的に機能しているかが取締役会の実効性評価の一環に関係する。

ESGとは環境（Environment），社会（Social），ガバナンス（Governance）の頭文字を取ったものであり，企業の持続的成長に影響を及ぼす要素と考えられている。ESGは数値化しにくい非財務情報として，企業は積極的にアピールする動きがある。2006年４月に国連が責任投資原則を公表し，その中でESG要素の考慮が投資パフォーマンスに影響する可能性が示されたことで機関投資家の間でESG投資への関心が高まったからである[6)]。

図表5－3　改訂コーポレートガバナンス・コードの変更と新設

項　　目	改訂の概要
取締役会の機能強化	＜独立社外取締役の活用＞ 独立社外取締役３分の１以上の選任が必要と考える場合，十分な人数の選任。 ＜独立した諮問委員会の活用＞ 任意の指名，報酬に係る独立した諮問委員会の活用。 ＜取締役会の多様性の確保等＞ 取締役会におけるジェンダーや国際性を含む多様性の確保。 財務，会計，法務の知識を有する監査役の選任。
経営者の選解任，報酬の透明性強化	＜経営者の選解任手続き＞ 個々の経営陣幹部の選解任と取締役，監査役候補の指名についての説明。 CEO 選解任に関する客観性，適時性，透明性ある手続きの確立。 ＜経営者の報酬決定手続き＞ 客観性，透明性ある手続きに従った経営陣の報酬制度設計，報酬額決定。 ＜後継者計画への関与＞ 後継者計画に関する取締役会の主体的関与。
投資家との対話促進	＜経営計画の策定等＞ 自社の資本コストを的確に把握したうえでの経営計画等の方針，目標の提示。 事業ポートフォリオの見直しや設備，研究開発，人材への投資に関する説明。 ＜政策保有株式の縮減＞ 政策保有株式の縮減に関する方針，考え方の策定，開示。 個別の政策保有株式について保有の適否の検証，検証内容の開示。 具体的な議決権行使基準の策定，開示とその基準に沿った対応。 ＜政策保有株主との関係＞ 保有されている側は株式売却を妨げない。 政策保有株主との取引に関する経済合理性の検証。 ＜アセットオーナーとしての企業年金＞ 運用の資質を有した人材の企業年金への登用等の取り組みと開示。 企業年金受益者と会社との間に生じ得る利益相反の適切な管理。 ＜ESG 情報の開示＞ ESG 要素を含む非財務情報に関する利用者にとって有用性の高い開示。

（出所）　東京証券取引所（2018）を参考にして，筆者作成。

第4節　指名委員会，報酬委員会の設置状況

経済産業省（2018 a）によれば，指名委員会，報酬委員会を設置する目的は独立性，客観性，説明責任の強化，決定プロセスの安定性向上を理由とする企業が多い。指名委員会，報酬委員会を設置していない理由は取締役会とは別の場で社外取締役の助言を得ている，個別の委員会設置は過剰，監査等委員会の職務に含まれているとの回答がある[7)]。

東京証券取引所（2020）によれば，海外では指名委員会，報酬委員会の設置，取締役会における社外取締役の過半数がスタンダードであることを指摘している。日本では図表５－４のように，指名委員会（法定・任意）を設置する上場会社の比率は第１部が58.0％である。図表５－５のように，報酬委員会（法定・任意）を設置する上場会社の比率は第１部が61.0％である。

図表５－６のように，指名委員会（任意）における社外取締役の過半数の比率は第１部が68.1％であり，報酬委員会（任意）における社外取締役の過半数の比率は第１部が67.7％である。図表５－７のように，指名委員会（任意）の委員長が社外取締役の比率は第１部が52.9％であり，報酬委員会（任意）の委員長が社外取締役の比率は第１部が53.4％である。

図表５－４　指名委員会の設置状況

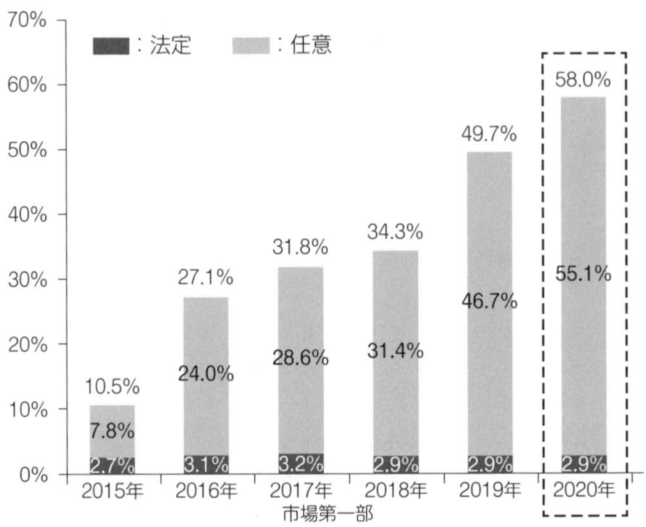

（出所）　東京証券取引所（2020）11ページ。

図表５－５　報酬委員会の設置状況

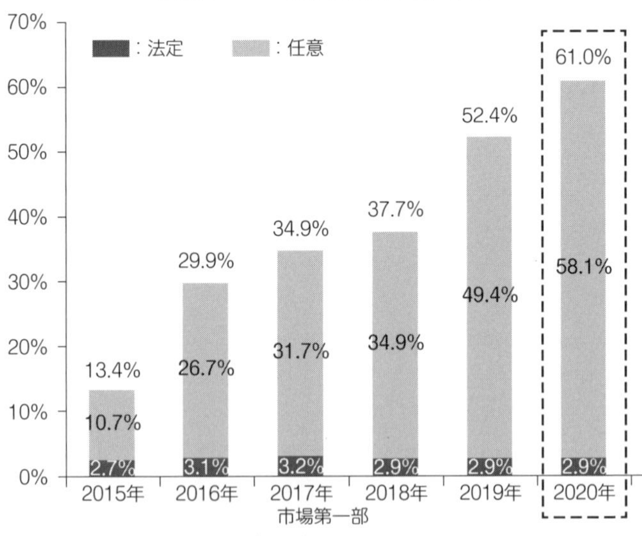

（出所）　東京証券取引所（2020）11ページ。

図表5－6　指名委員会と報酬委員会における社外取締役の比率

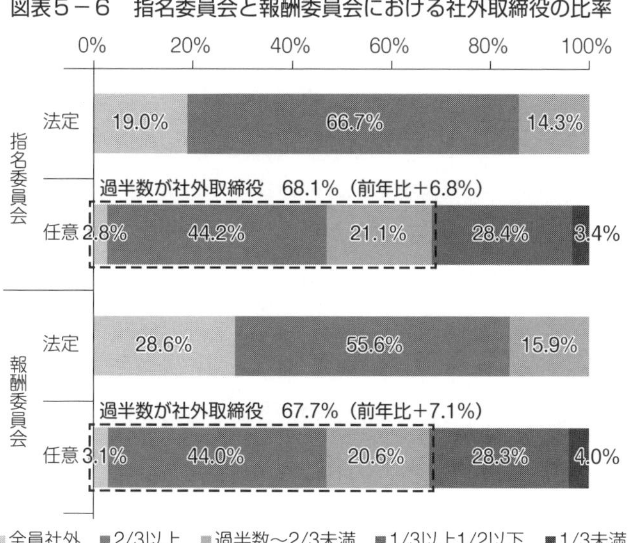

（出所）　東京証券取引所（2020）12ページ。

図表5－7　指名委員会と報酬委員会の委員長の属性

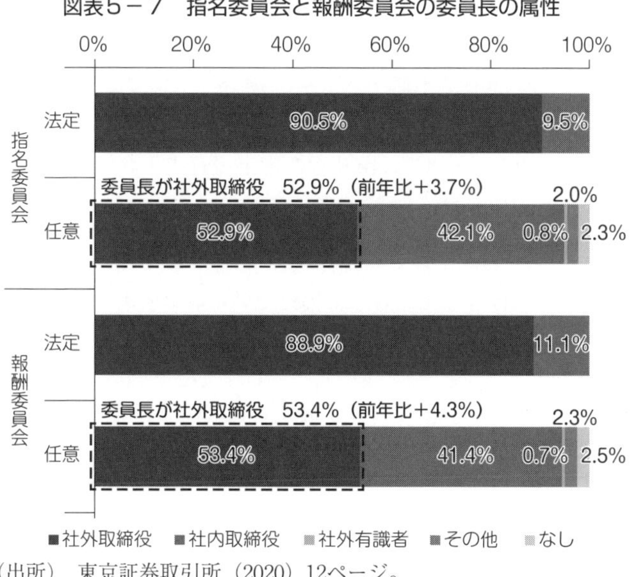

（出所）　東京証券取引所（2020）12ページ。

第5節　コーポレートガバナンス・コードの適用状況

コーポレートガバナンス・コードの適用以降に企業の取り組みが進展したのは社外取締役の導入，増員，取締役会のあり方や目指すべき方向性の見直し，取締役会の付議基準の引き上げなどがあげられる。経営者の選解任基準，プロセスの明確化については少しずつではあるが，企業が独自に設置し，情報開示をしてきているのが現状である。

リコーはコーポレート・ガバナンスに関する報告書およびホームページにおいて，①取締役会における社外取締役の割合は３分の１以上，②取締役８名のうち４名が社外取締役で構成，③多様な意見を取り入れ，経営の恣意性を排除，④社内，社外の取締役に対して取締役会への出席率が原則80％を下回らないことを求めており，⑤経営に対する実効的な監督機能を果たすよう要請している[8)]。

さらに，リコーは取締役選任の考え方として，経営能力（経営機能の適切な遂行にあたっての高い洞察力および判断力）と人格・人間性（監督機能の円滑な遂行にあたっての取締役相互および経営執行との良好な信頼関係）といった選考基準を情報開示している。このほかにも取締役の選任プロセス・評価プロセス，CEO評価（指名委員会が毎年実施），CEO候補者の選定・育成・評価，取締役の報酬に対する考え方などを情報開示している。

2020年10月末時点でリコーの女性役員の比率は9.8％であるが，2030年までに18％までに引き上げることを目標に掲げている。経営者自らが率先して取り組むことによって，ダイバーシティ経営を推進していく姿勢は評価すべき点である。

日立製作所はコーポレートガバナンス・コードのすべての原則を実施している。独自のコーポレートガバナンスガイドライン（2020年12月改定）において，意見の多様性と効率的な運営の観点から取締役会は20名以下の適切な人数とする方針として指名委員会が最適な員数を検討する旨を記載している[9)]。取締役の内訳は13名のうち外国人６名，女性２名で構成されている。取締役候補者の多様性を考慮する旨，新しい視点が継続的にもたらされるよう就任からの年数等を考慮する旨を記載し，社外取締役に求められる経験を会社経営，法曹，行政，会計，教育などの分野での指導的役割等と具体的に情報開示している。

花王は社外取締役および社外監査役の独立性の基準を明らかにすることを目的として，社外役員の独立性に関する基準を制定（2010年２月25日制定，2012年７月１日改訂）している。さらに，花王は社内取締役，社外取締役のそれぞれに求められる知識，経験，能力を区別して明記している。取締役会の多様性確保等の観点から社外取締役を取締役会の約半数とする旨を明記し，性別，人種，国籍等のダイバーシティを重視し，多様な人材の役員への登用を進める旨を情報開示している[10)]。

経済産業省（2018ａ）によれば，図表５－８のように，コーポレートガバナンス・コードの適用に可能な限り実施する方向で検討している企業は50.0％，実施しない理由を説明することも含めて検討している企業は40.0％である。実施しているが，形式的な対応にとどまり，実質的な取り組みに至っていない企業は28.0％である。

東京証券取引所（2019）によれば，コーポレートガバナンス・コードの90％以上の原則を実施している上場会社の比率は第１部が85.3％（2017年は93.0％）である[11)]。78原則を実施する比率は第１部が18.1％（2017年は31.6％），第２部が1.2％（2017年は4.0％）である。コーポレートガバナンス・コード改訂後は実施率が全体として低下していることがわかる。

図表5－8　コーポレートガバナンス・コードへの対応

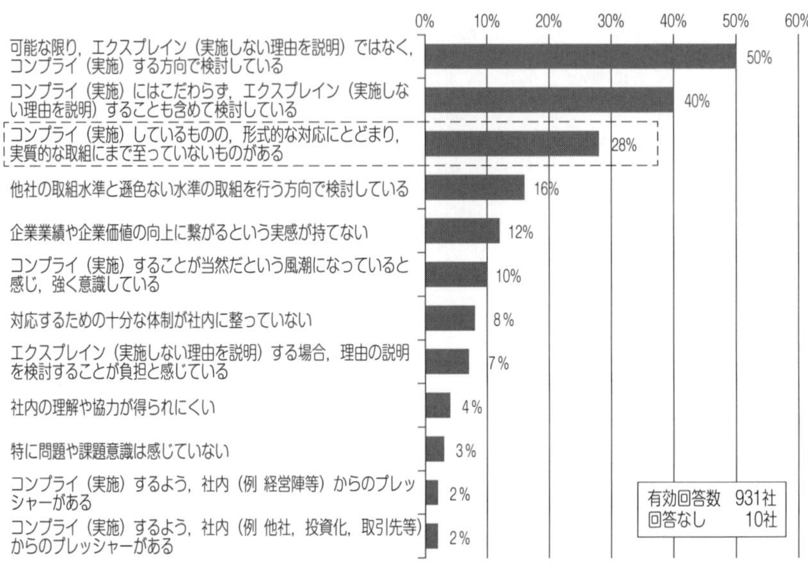

（出所）　経済産業省（2018a）58ページ。

第6節　コーポレートガバナンス・コードの適用における課題

社外取締役の確保では経営経験者が不足している点が指摘されている。社外取締役の導入は進展したが，経営に関する知見や高い見識を有する候補者を見つけることが困難という企業が多い。経営経験者を中心に社外取締役の人材プールを拡充する必要がある。退任した経営者を含めて他社の社外取締役に就任することは有用との指摘がある。経営者にふさわしい経験や力量を持った人材を育成する仕組みが日本企業に備わっていないとの指摘があるため，今後の最重要課題の一つである。

経済産業省（2018ｂ）によれば，社外取締役は経営に対する監督や助言についての役割を果たしている，と多くの企業が認識している。一方，経営者の選解任や報酬に関する監督，少数株主やステークホルダーの意見の反映といった部分では社外取締役が十分な役割を発揮していない可能性があると指摘している。

コーポレートガバナンス・コードの取締役会の機能強化では取締役会におけるジェンダーや国際性を含む多様性の確保が求められている。経済産業省（2018ａ）によれば，社外取締役に１名の女性を選任している企業は29.0％，社外取締役に外国人を選任する企業は5.0％である[12)]。取締役会の構成については不十分であることがわかる。内閣府男女共同参画局によれば，女性役員は増加傾向にあるが，女性役員比率は5.2％（2019年７月）である[13)]。政府は第４次男女共同参画基本計画において，上場会社役員に占める女性の割合を2020年に10％の目標を掲げていた[14)]。

企業統治のコンサルティング会社のプロネッドは東京証券取引所第１部に上場している2,168社を対象に調査を行ったところ，2020年７月１日時点で女性の取締役の割合は7.1％（延べ1,354人）であったという[15)]。このうち社外から招いた社外取締役は5.9％（1,123人），社内から登用された女性の取締役は1.2％（231人）であったという。海外の女性役員割合と比較しても日本は低い水準に留まっており，社内の人材を増やしていくためには将来の取締役候補を育成する仕組みづくりが不可欠であることが伺える。

2022年４月に予定している東京証券取引所の市場再編のプライム市場に上場する企業に対しては社外取締役を全体の３分の１以上になることが指摘されている。社外取締役が不足し，複数の企業の社外取締役を兼任すれば負荷が増えて出席率の低下をはじめ，取締役会の実効性が低下するおそれがある。英国では主要企業の社外取締役の兼任を禁止しており，ドイツでは３社以上の兼任を禁止している。

東京証券取引所（2020）によれば，プライム市場に期待されるガバナンス（取締役会・諮問委員会）ではつぎのように指摘している。①国際的に投資を行う機関投資家の投資対象になるようなマーケットというコンセプトを踏まえれば，社外取締役の数や投資家から注目される取締役会の諮問委員会の独立性は重要，

②複数の社外取締役の選任が上場会社と投資家のコンセンサスになっていること，③社外取締役を３分の１以上といったように機関投資家の多くが議決権行使基準において要求する事項を取り入れることも考えられること，④海外においては指名委員会，報酬委員会の設置，取締役会における社外取締役の過半数がスタンダードであること，⑤指名委員会，報酬委員会の設置は重要であり，委員会の実効性確保の検証が必要と強調している。

さらに，プライム市場に期待される投資家との建設的な対話ではつぎのように指摘している。①投資家との建設的な対話や高いガバナンス水準にコミットしている企業においてはクオリティー基準としてのガバナンスあるいは情報開示が重要になること，②ステップアップ先の市場の上場会社においては透明性の高い情報開示，少数株主との利益相反性の排除監督，企業価値の向上が求められること，③国内外の投資家とのコミュニケーションが深まるレベルの開示としては英語による情報開示が求められること，④株主との対話の観点からは年に１回は株主総会以外の決算説明会などにCEOが登壇するということが必須であると主張している。

取締役会の課題としては経営者の後継者計画や中長期経営戦略に関する検討が十分になされていないことがあげられる。取締役会の議論を充実させるための工夫としては資料の事前送付や議題の絞り込みなどに取り組む企業が多いが，日産自動車のカルロス・ゴーン問題とその後のトップ人事交代を考えると経営者の選解任基準の整備を検討する企業が急増することが予想される。

社外取締役の独立性は重要な資質，背景の一つではあるが，独立性だけではなく，それ以外の資質，背景の多様性も考慮する必要がある。取締役会のあり方や社内取締役のバランスも踏まえ，社外取締役として実質的に役割を果たすために必要となる資質，背景が何かについて検討する必要がある。

検討に際しては取締役会が健全に役割を発揮するためにジェンダーや国際性を含む取締役の多様性を確保するという視点を持つことが重要である。取締役に女性が１名もいない企業は取締役としての質の確保を前提としつつ女性の社外取締役を選任することを積極的に検討すべきである。

社外取締役のタイプとしては経営経験者としての視点からの意見が期待される場合がある。その企業の事業に関する経験がある場合とない場合が考えられるが，知識と経験が能力としてどのように発揮されるかが問われてくるであろう。経営経験者ではないが，専門的な知識，知見に基づく意見が期待される場合の社外取締役も考えられる。企業の実務に関する専門知識を有する場合と学術的な専門知識を有する場合がある。社外取締役に求める資質，背景が決まれば，それを有する社外取締役候補者を選任していくことになる。

おわりに

企業価値を最大化するための仕組みをどのように設計するのかが企業統治改革において重要な鍵になっている。過去20年間，日本企業全体としての稼ぐ力は相対的に低位で推移しているため，企業の稼ぐ力を向上させ，持続的な企業価値の向上に繋げることが企業統治改革の背景にある。企業の持続的な成長，中長期的な企業価値向上を図るうえでESGを踏まえた経営の重要性が高まっており，その中でも要になるのが企業統治である。

企業統治強化に向けた企業の取り組みは全体として着実に進んでいる。東京証券取引所第１部の上場会社で社外取締役を２名以上選任している割合は95.3%であり，コーポレートガバナンス・コードが適用されてから増加傾向にある。しかしながら，社外取締役の人数が増えることが取締役会の実効性を高める取り組みにつながるとは言い難い現実がある。かんぽ生命保険は10名の取締役のうち７名が社外取締役であるが，顧客への不適切販売が問題になった経緯がある。2018年６月１日にコーポレートガバナンス・コードが改訂され，任意の指名委員会，報酬委員会の活用，取締役会における経営者の後継者計画の監督などに関する内容が拡充した。

コーポレートガバナンス・コードは社外取締役の確保，取締役会の有効性の向上，経営者の指名，報酬などに関する任意の指名委員会，報酬委員会の活用，ESG情報の開示といったように多岐にわたっている。攻めのガバナンスの実現に向けて企業が取り組む一方，企業不祥事が跡を絶たない現実がある。特に東芝のように買収した海外子会社のガバナンスをどう管理するかといった問題がある。まさに1990年代の企業統治改革の問題と一致するところがある。時代背景や経営環境は変わっていくが，今後のグループとしてのガバナンスに対してどのように舵を切っていくかが問われてくる。企業統治を推進するための社内体制の構築は不可欠であり，経営者の責務に関わってくる。

企業統治強化に向けた社外取締役の役割は重要であるが，経済団体によっては社外取締役をめぐる議論の見解が異なっている。社外取締役の形式要件を整えれば，企業価値が上がり，経営の透明性が確保され，企業不祥事の温床となる芽を摘むことができるかといえば実際は難しい。経営者が意図的に隠蔽した場合は非常勤の社外取締役が真相をつかむのは不可能に近い。社外監査役がいても内部監査部門に調査を命じる権限はない。社外取締役や社外監査役が立場上は独立役員としても慣行的に経営者の強い意向に異論を挟むのは難しいことが指摘されている。企業統治の制度作りに着目すると社外取締役，社外監査役のガバナンスの実効性が問われてくる[16)]。

平田（2008）は企業統治の主体として①外部者統治，②内部者統治，③経営者自己統治の３つの統治型をあげている。①外部者統治は証券市場，金融市場，商品市場，経営者市場，主力銀行，機関投資家，会計監査人，格付け機関等による統治であり，②内部者統治は取締役会，経営会議，常務会，監査役会，監査委員会，監査部，検査部，労働組合，従業員等による統治であり，③経営者自己統治は外部者統治と内部者統治を活用した経営者自身の統治である。

平田（2008）によれば，企業統治の一翼を担う関連当事者取引，専門家，会計監査人，監査役などの他者統治は企業を経営危機から守るために欠かせない統治方式であるという。だが，他者統治よりも重要なのは経営者自身による自己統治であることを指摘する。なぜなら，経営者が他者統治に頼る限り，いつまでたっても甘えから脱却できないから他社統治を活用し，さらに経営者自身による自己統治をもって，甘え，脆さ，弱さから脱却しようとするものである。そのような企業の構成員から全幅の信頼を得て，自己統治を推進できる経営者が責任ある経営者（革新的経営者）であると結論づけている。

繰り返しになるが，企業不祥事を断絶することは不可能である。企業不祥事を抑止，防止するためには経営の健全化を図ることが必要となってくる。企業不祥事はハード面を強化しても法制化しても最終的には自己の意識，行動，倫理観にかかわってくる。経営者が先頭に立って，経営のプロフェッショナルとしての確固たる経営理念と経営倫理に基づいたリーダーシップを発揮し，経営者自己統治ができる経営者が切望されている。企業統治の制度作りよりもその仕組みを戦略的に使いこなせる経営者の育成が最重要課題の１つである。

〔注〕

1)　2021年３月１日施行の改正会社法は社外取締役の選任が義務づけられており（改正会社法327条の２），取締役の報酬に関する決定方針の開示などが必要である。

2)　金融商品取引法は2018年４月１日に改正され，株式の高速取引の規制を強化し，上場会社に公平な情報開示を求めるフェア・ディスクロージャー・ルールが導入されている。

3)　詳しくは青木（2018）を参照のこと。

4)　詳しくは青木（2018）を参照のこと。

5)　経済産業省（2018ｂ）41ページ。

6)　詳しくは青木（2017）を参照のこと。

7)　詳しくは経済産業省（2018ａ）を参照のこと。

8)　https://jp.ricoh.com/governance/governance（2020年12月１日アクセス）

9)　コーポレートガバナンスガイドラインは以下のURLから参照できる。https://www.hitachi.co.jp/IR/corporate/governance/guidelines.html（2020年12月１日アクセス）

10)　https://www.kao.com/content/dam/sites/kao/www-kao-com/jp/ja/corporate/about/pdf/governance_001.pdf（2020年12月１日アクセス）

11)　東京証券取引所（2019）４ページ。

12)　味の素は９名の取締役（３名は社外取締役）のうち，女性が初めて取締役常務執行役員に就任し，社外取締役１名も女性である。セガサミーホールディングスは10名の取締役（４名は社外取締役）のうち，女性の外国人が初めて社外取締役に就任した。

13)　役員とは取締役，監査役，指名委員会等設置会社の代表執行役，執行役を意味する。2006年は女性役員比率が1.2％であった。https://www.gender.go.jp/policy/mieruka/company/yakuin.html（2020年12月１日アクセス）

14)　30％ Club Japanによれば，東京証券取引所第１部の上場会社のうち株価指数（TOPIX）100を構成する企業の女性役員比率は12.9％（2020年７月末時点）である。

15)　https://proned.co.jp/archives/2287（2020年12月１日アクセス）

16)　詳しくは青木（2016）を参照のこと。

〔参考文献〕

青木　崇（2016）『価値創造経営のコーポレート・ガバナンス』税務経理協会。
青木　崇（2017）「企業価値の向上を目指す日本企業の情報開示のあり方とESG活動―花王とピジョンの事例―」『商大論集』兵庫県立大学，第69巻，第1・2号，1－14ページ。
青木　崇（2018）「日本のコーポレート・ガバナンス改革と経営者の自己統治」『現代社会研究』東洋大学現代社会総合研究所，第15号，85－93ページ。
青木　崇（2019）「SDGsと価値創造経営における企業実践に関する一考察」『国際総合研究学会論集』国際総合研究学会，第15号，18－26ページ。
青木　崇（2020）「企業における改訂コーポレートガバナンス・コードの適用状況と課題―コーポレート・ガバナンス改革との関連で―」『現代社会研究』東洋大学現代社会総合研究所，第17号，103－112ページ。
青木英孝（2018）「日本企業におけるガバナンス改革の功罪」『経営行動研究年報』経営行動研究学会，第27号，5－10ページ。
菊池敏夫・磯　伸彦（2019）「コーポレート・ガバナンスの新しい課題―ステークホルダー・アプローチの視点―」『山梨学院大学経営情報学論集』山梨学院大学経営情報学研究会，第25号，51－58ページ。
菊池敏夫・金山　権・新川　本編著（2014）『企業統治論―東アジアを中心に―』税務経理協会。
経済産業省（2018ａ）『CGSガイドラインのフォローアップについて』経済産業省。
経済産業省（2018ｂ）『コーポレート・ガバナンス・システムに関する実務指針（CGSガイドライン）』経済産業省。
経済産業省（2019）『企業の稼ぐ力向上に向けたコーポレートガバナンス改革の取組』経済産業省。
経済同友会（2019）『経営者及び社外取締役によるCEO選抜・育成の改革―多様なガバナンスに応じた最良のサクセッションの追求―』経済同友会。
出見世信之（2017）「コーポレート・ガバナンス改革の促進要因と成果に関する試論的考察―ソニー，パナソニック，キヤノンの事例から―」『日本経営倫理学会誌』日本経営倫理学会，第24号，125－135ページ。
東京証券取引所（2018）『コーポレートガバナンス・コード―会社の持続的な成長と中長期的な企業価値の向上のために―』東京証券取引所。
東京証券取引所（2019）『改訂コーポレートガバナンス・コードへの対応状況（2018年12月末日時点）速報版』東京証券取引所。
東京証券取引所（2020）『市場区分の見直しにおけるコーポレート・ガバナンスに関する議論の状況について』東京証券取引所。
日本弁護士連合会（2019）『社外取締役ガイドライン』日本弁護士連合会。
平田光弘（2008）『経営者自己統治論―社会に信頼される企業の形成―』中央経済社。
みずほ総合研究所（2019）『第二ステージに入ったコーポレートガバナンス改革―「形式」から「実質」へ向けた取り組みと重要性高まる「ESG」の視点―』みずほ総合研究所。

第６章　会社機関と企業統治機能

はじめに

近年，日本でも不祥事企業が増加している。企業内の不祥事を抑制するため社外取締役や社外監査役を設置する企業が増加し，その効用が注目されている。監査等委員会設置会社や指名委員会等設置会社も増加する中，監査の役割は監査役ではなく社外取締役が担っている企業も増えている。

しかし，いまだ多くの日本企業が監査役会設置会社であり，監査役が企業内の監査機能を担っているのが実態である。

本章では従来の監査役制度の役割と権限の変貌を確認し，監査・監督機能の役割について明らかにする。

企業統治や経営の監視機関として監査役は古くから注目されていたが，不祥事企業の増加や金融危機問題，海外機関投資家からの要請などにより，近年になり監査役のあり方，権限などについて議論が活発になっている。

監査役を中心に経営者の監査とモニタリング機能に焦点を当て，国際比較の視点に立ち，制度のしくみと実態を確認する。

第１節　監査役の監査・監督機能

1　監査役制度の変貌

日本の監査役の監査・監督機能の役割や権限は，過去に何度かの商法改正において試行錯誤する時期を経由し，監査・会計検査としての権限とともに株式会社の機関として現在の監査役（会）が設置された。さかのぼると1950年の改正商法では，監査役制度として監査役の権限が縮小され，取締役会制度導入に伴い権限は会計監査に限定されていた。しかし，1974年の改正商法において業務監査の権限が含まれ，モニタリング機能としての役割が期待された。その後，しだいに，会計監査は外部の独立した会計監査法人が監査役をサポートするなど監査役の会計監査としての職務権限が強化され，監査役会と取締役会の並列として経営の監督機関が設置され現在に至っている。

監査役による取締役の業務の監督としてのモニタリング機能は，1890年の商法以降に含まれるようになった。1993年からは，会計監査人の人事に監査役会が関与できるようになり，2002年においての監査役制度の改革では，より監査役の権限が強化された。任期は３年から４年になり，辞任時には株主総会には意見陳述兼が認められるようになった。しかし，2003年の商法特例法改正では「委員会設置会社に関する特例」により監査委員会を設置している場合は監査役を設置せず，監査委員の社外取締役や取締役が監査役の代わりに監査業務を担うことになった。

日本の監査役制度は，1989年商法からドイツの会社法の影響を受けた。しかし，ドイツの執行役会，監査役会における役員の構成や選任方法は，従業員の人数の規模や各産業により細かく規定されており，日本とは異なる。

日本における現在の監査役制度では，監査役は株主総会から選任され，監査役会の半数以上を社外監査役が占めなければならないと定められている。また，監査役のうち常勤監査役を１人以上設置しなければならない。監査役の選任に関する議案同意権，議題提案権，議案提出請求権（会社法343条）も与えられた。さらに，独立性を維持するため監査役は取締役，会計参与，使用人などとの兼任が禁止され，監査の実務を実践するにあたり，自分の責任となるように監査役には独任制が取られている。モニタリング機能としては取締役の職務の執行の監査（会社法381条１項）や取締役から報告を受ける権限（会社法357条）があるだけでなく，取締役会への出席義務及び意見陳述義務（会社法383条１項），取締役会の招集請求権及び招集権（会社法383条２項，３項）が与えられている。

加えて，経営者による不正行為などが行われた時には，取締役の違法行為差止請求権（会社法385条１項）がある。不正発覚後は，取締役と会社間の訴訟代表権（会社法第386条），取締役などの責任の一部免除に関する議案等の同意権

（会社法425条3項1号，426条2項，427条3項），被告の取締役側への会社の補助参加に対する同意権（会社法849条3項）などが与えられている。

会計監査人は，取締役または執行役の職務の執行に関して不正行為・法令定款に違反する重大な事実があることを発見したときは，遅滞なく，これを監査役・監査役会・監査委員会に報告しなければならない（会社法397条1項，3項，4項）など監督としての権限もある。

また，取締役に対する事業報告請求権，会社業務・財産状況調査権（会社法381条2項）や子会社調査権（会社法381条3項）もあり，不正行為が発覚し調査をしたい場合には，過去のものにさかのぼって調査できる権限がある。

会計監査人との連携も重視されている。例えば，会計監査人の解任権，選任・解任・不再任に関する議案の決定権（会社法340条，344条）や会計監査人の報酬等に対する同意権（会社法399条1項，2項）などや会計監査人から報告を受ける権限（会社法397条1項，3項）がある。

上記のことから現在の監査役は，会計監査だけでなく取締役のモニタリング機能としての監督機能の役割が期待されていることがわかる。監査役としても重要な役割が期待されているが，会計監査においては事後的な財務報告になっており，監督としての役割も期待されていることもわかる。近年，増加している監査役会設置会社以外の監査委員会のある会社においては監査役が不要となっているため，社外取締役や取締役と会計監査法人による監査だけに委ねていることになり，監査役は形式的な設置にとどまっているという実態もある。

2　監査役の実態

(1)　会計監査の能力

監査役制度においては監査・監督機能の権限が与えられたが，実態としてはそもそも監査役に会計監査の能力があるのか疑問である。会計士資格保有者，財務経験者の比率はかなり少ないため，実態として形式的な設置でしかないことが容易に想像できる。10年前は会計士資格保有者の比率は数％でしかなく，近年，増加しているとはいえ，特に社内の監査役においてはその比率は非常に低い。

日本監査役協会における2020年の「役員等の構成の変化などに関するアンケート集計結果―第20回インターネット・アンケート（監査役会設置会社版）[1)]」によると，監査役の財務及び会計に関する知見を開示している上場企業は９割以上で，３人以上置く企業が過半数を占めている中，監査能力のあると思われる財務及び会計に関する知見者の属性は，非常勤の社外監査役では64％を占めている。監査役のうち，公認会計士や税理士の資格保有者は26.5％を占めており，金融機関経験が16.9％を占めている。また，経理・財務部門経験は13.9％を占めている。企業により異なるが，３人の社外監査役を設置している場合，３人のうち１人から２人が会計士資格保有者や財務経験者を設置しているケースが多い。

しかし，社内の常勤監査役の場合は，監査の能力がある会計士資格保有者などが設置されている企業は少ない。同アンケートによると，社内の常勤監査役の出身，経歴をみると，公認会計士と税理士をあわせても１％でしかない。

⑵　監査役の独立性

また，社外監査役の出身を確認すると「親会社の役職員」は10.1％を占めており独立性が低いこともわかる。独立性が低いと親会社などを含めた伝統的な企業文化を引き継ぐことになり，斬新な組織的な改革は不可能であることがわかる。また，「大株主の役職員」は7.4％を占めており，監査機能を期待しておらずモニタリングとして設置していることがわかる。また，「取引銀行の役職員」は7.5％，「取引先の役職員」が4.4％を占めている。合計すると独立性の低い人材を採用している比率は合計29.4％にのぼっていることになる。

他方，独立性の高い「会社と無関係な会社の役職員」は18％でしかない。「公認会計士又は税理士」は21.7％であり，以前に比べるとかなり増えてはいるが，監査機能としてはもっと比率を高める必要がある。ちなみに「弁護士」は18.6％であり，他国に比べると低い。

社内出身の常勤監査役の場合は，監査の機能を期待されていないのが実態である。「監査関係以外の部長」など，同じ企業の財務経理以外の部署の出身者が最も多く，経営陣が有利になるように，いまだに友達を監査役にして経営陣を監査・監督できないような人事が行われている実態がある。

監査役の監査機能を強化するために監査役に対してサポート役としてのスタッフを設置する企業は，全体の４割を占めている。そのスタッフの前部署を確認すると「経理・財務系」は２割しかいない。企業内の常勤監査役とそのサポートスタッフでは，監査役の本来の業務である監査機能を支えることはできないと考えられる。

常勤の監査役においては監査の能力も低く，また，独立性も低いため経営陣の監督としての機能も発揮できないのが現状である。

筆者が社外の監査役へヒアリングした結果2) によると，企業側に期待されている監査能力が多様化し，それに全て答えることができていないという回答が多かった。例えば，財務諸表やバランスシートなどの会計監査や内部統制報告書の監査の検証などにおいて実務的な会計監査能力以外にも，技術的な内容も理解している必要がある。しかし，技術出身の監査役でなければ，データーの改ざんを伴う会計不正などを監査することはできない。つまり，取締役会などにて技術・研究開発の予算などを含んだ業績において，無理があるということである。外部の監査役は，月に１回しか出社しないため，社内の情報を全て収集し，把握することは困難であるのが実態である。

会計士資格保有者や財務経験者でなければ，ベースとなる監査の機能さえも能力を充分に発揮できないことになる。

一方，不正や不祥事の内容が多様化している中，企業側の監査役に対する期待も多様化している。そのため，企業は選任の段階から監査へ求める内容を明確化しておく必要があるといえる。

⑶　会計監査法人との連携

近年，監査法人による不正，企業と監査法人の組織的な不正が増えている実態には優秀な会計士が減っているという背景もある。

日本の会計士の報酬はアメリカの４分の１でしかなく，報酬が低いわりに責任が非常に重いため，会計士になりたい人も減少している。そのため優秀な会計士は海外に流出している。

上記のような現状がある中，監査法人においても，厳しくチェックできる人材が減り，不正を見抜くことが出来なくなっている。

加えて，企業内に設置した監査役は法律上，会計監査人，監査法人とのコミュニケーションを図り，指示する権限はある。しかし，監査役が会計士資格保有者でもなく財務経験者でもない場合が多くを占めているため，その会計監査の内容についてはチェックすることができず意見を述べられないことが多いのが実態である。会計監査法人の不正がないかどうかについても，会計監査の内容を確認し，不正防止をしなければならないが，その知識がほぼないため，チェックすることも困難である。仮に，会計監査人や会計監査法人からの報告があってもそれらを精査することがほぼ不可能であるのが実態である。

3　諸外国と比較した監査役の監査機能

(1)　ドイツの従業員代表制度

監査委員会を設置し，独立社外取締役や取締役が監査委員会において監査の任務を担うアメリカ，イギリスでは監査役が存在しない。

監査役が存在するのはドイツ，中国，日本，韓国などであるが，監査役制度として注目すべきなのは二層式モデルのドイツである。特に監査役制度に従業員代表制度があることがドイツの監査制度の注目すべき特徴であり，中国もそれをフォローしている。

ドイツの監査役制度は，1861年のドイツ一般商法典において初めて規定され，1884年の株式会社法改正法により取締役会と株主総会と並列して監査役会が設置された。取締役会と共同で年次決算を確定し，共同責任を負うが，監査業務に対して，取締役の任命権がある。監査役は取締役の２倍近い人数を設置している企業が多く，その多くが非常勤の監査役である。会計士資格保有者や財務経験者も多く，数社を兼任している非常勤監査役が多い。

加えて，労働組合など労働者の代表である従業員代表制度もある。日本と同じ経営者による取締役会と併列している監査役会とは別に，労働者，つまり従業員を代表した従業員代表の監査役会がある。

⑵ 中　　国

中国もドイツの監査役制度を参考に導入している。ドイツと同様に中国の監査役会は，株主総会に対して責任を負っており，監査役の報酬は株主総会が決定し，定期株主総会などで開示する必要がある。中国の場合は，監査役は３人以上の設置が義務化されている。監査役会は６ヶ月に１回の開催が必要であるが，年に数回開催している企業が多い。しかし中国の監査役は合議制であり多数決で決議され，ドイツと異なり独任制ではない。また，ドイツと異なり，取締役の任命権はない。

また，中国は，ドイツの従業員代表制度も参考にしている。ドイツの従業員代表制度を参考に設置された中国の従業員代表制度ではあるが，その従業員の代表が会計士資格保有者や財務経験者であることは少なく，また政府関係者であることも多い。中国においては，会社法第52条４項において取締役や公務員は監査役の兼任は禁止されているが実態としては３割程度が規定を順守していない[3)]。以上のように監査役制度を海外と比較し実態を確認した。

第２節　取締役会のガバナンス機能

１　取締役会の統治機能

アメリカでは1990年代の不祥事企業が増加したことにより企業倫理，取締役の構成，経営執行活動への監視機能の強化などの企業統治の改革が促進した。日本でもオリンパスなどの不祥事が多発し，企業統治を強化しようと日本再興戦略改訂（2014）のコーポレートガバナンスコードの策定に社外取締役の導入が盛り込まれた。

取締役会は内部モニタリングとして重要な位置を占めている。しかし，その取締役会は形骸化しており，形式的な設置にとどまっている実態もあり，その在り方と役割が疑問視されている。

株式の所有率の高い経営者の権力が強化しており，株主による支配的構造などもおきている中，原則４－１では取締役会の役割・責務としては，取締役会は，経営理念等を確立し，戦略的な方向付けを行うことを主要な役割・責務の一つと捉えている。具体的な経営戦略や経営計画などに関して建設的な議論を行うべきであり，重要な業務執行の決定を行う場合には，戦略的な方向付けを踏まえるべきであるとされている。

コーポレートガバナスコードでは，取締役会の責務として，株主に対する受託者の責任や説明責任がある。取締役会は，持続的成長と中長期的な企業価値の向上を促進し，収益力の改善のために企業戦略の方向性を示す必要がある。社外の監査役は，経営陣による適切なリスクなどにおいて，客観的な立場から実効性の高い監督を行うことが求められており，それは監査役会設置会社，指名委員会等設置会社，監査等委員会設置会社のどの機関設計であっても同様である。

取締役会においては，戦略的な議案を設定することが重要であり，組織的な改革を進めるのに活発な意見がいいやすい風土が大事である。取締役会は社内の取締役と社外の取締役のバランスをとって構成されていることが大事であり，その社外の取締役の比率は重視されている。

取締役会の事務局員の能力も重要である。事務局員は独立性があり企業統治に知見のある能力の高い人材の確保が必要である。

取締役を任命する指名委員会の設置により，能力のありバランスの取れた取締役を選任することが可能になるが，それには独立性の高い社外取締役などで構成されていなければ現実には困難になる。

取締役会の傘下の各委員会の役割の強化が必要とされているが，独立性の高い監査機能のある社外取締役の設置と企業の受入れの整備だけでなく，取締役会の事務局との事前の説明打ち合わせの充実が求められている。筆者のヒアリング[4)]においても，経験のない独立社外取締役は取締役会の数日前に事務局との打ち合わせにより，その内容や企業内での問題点を把握することができている例もある。

議事運営の見直しは議長のファシリテーションの強化，開催時間や回数，出席率，さらに取締役会の評価として公平に実施されることが大事である。

また，「議題が多すぎて，必要性の低いものが議論されている」「社外取締役へ取締役会の議題などの事前資料は３日前から１週間前にしか情報が与えられず，事前に情報収集する時間がなく，議題の内容が完全に把握できないまま終わることがある」などの回答もあったように，取締役会が形骸化している。

第３節　社外取締役のガバナンス機能

1　社外取締役の監査機能

日本取締役協会の調査によると2020年８月３日現在では，監査等委員会設置会社は77社で2019年と変わらない。パルコ，日立化成，日立ハイテクノロジーズが非上場になり子会社化され監査等委員会設置会社でなくなった代わりに，東証一部の日本ペイントホールディングス株式会社，三越伊勢丹ホールディングス，関西電力が移行した。次に監査委員の監査機能を確認する。

社外取締役には監査・監督機能が期待されているが，監査機能においては監査委員会を設置している企業において実施されることになる。

監査委員会には社外取締役の監査委員が構成員である。監査役は会社の機関上では役員はあるが，取締役ではない。ところが監査委員は会社の機関であり，また社外取締役も取締役である。監査委員は取締役の中から社外取締役と常勤の取締役よって構成されている。

社外取締役は，監査委員としての権限以外に，モニタリング機能として取締役の業務意思決定を監視・監督する任務があり，監査役の業務内容と重なっている。監査委員会設置会社では取締役は業務執行を原則として行わない。そして取締役会が選任した執行役が業務執行を行い，取締役は業務執行の監督のみを行うが，執行役等の職務執行の監査および監査報告の作成（会社法404条２項１号）などの他に，株主総会に提出する，会計監査人の選任・解任および会計監査人を選任しないことに関する議案の内容を決定する（会社法404条２項２号）などの権限がある。

監査委員会における社外取締役などの監査委員による監査報告の作成は，監査役（会）設置会社における監査役（会）の業務と同じであるが，監査委員会は事前チェックであり，監査役は事後チェックである。

監査委員会は３人以上の委員で組織され（会社法400条１項），監査委員の過半数は社外取締役でなければならない（会社法400条３項）。業務執行取締役または子会社の執行役，業務執行取締役，会計参与，支配人その他の使用人を兼任できない（会社法400条４項）などの規定があるが，社外取締役の監査能力がある会計士の資格を保有している社外取締役が監査委員の構成員に選ばれないこともあり，また決定権のある監査委員長が会計資格保有者など会計の能力がある社外取締役を選ぶ日本企業は少ないという実態もある。

従来の日本企業の形態である監査役（会）設置会社はドイツ商法や共同決定法を参考に設置され，監査役の権限を改善してきた。監査役制度を導入している国々は少ない中，日本は監査等委員会設置会社，指名委員会等設置会社などに移行しているが，監査委員会を有効に活用するには至っていない。

2　社外取締役の監督機能

(1)　監査委員会の実態

社外取締役を設置する企業は増加したが，不祥事企業は減少せず，外部役員による監査・監督機能の実効性について疑問視されている。社外取締役が能力を発揮できない背景には，企業側の受け入れ体制が整備されていないこと，日本独特の組織文化，経営者の影響が大きいことなどが背景にある。

監査役会設置会社から監査等委員会設置会社，指名委員会等設置会社に移行し，形式的にはコーポレート・ガバナンスに取り組んでいる企業が増えているようにみえる。しかし，監査委員会を設置している企業においても経営者の影響力が大きく，その圧力から経営者の不正行為を誰も抑制できず，暗黙の了解で組織的不正を行っている企業も多い。中国やアメリカでは経営陣の個人による不正が多いが，日本は組織的な不正が多い。

経営者自身が監査委員会，指名委員会のメンバーになり，自分に有利になるように知人を社外取締役に選任し，監査のプロセスにまで関与していることもある。経営者は社外取締役に監査・監督の機能を発揮してもらうことは期待していない。経営者自身はチェックされることを嫌い，企業の業績促進効果をあげる経営アドバイザーとしての期待をしていることが筆者のヒアリングからうかがえた[5)]。

⑵　経営者の株式保有比率の影響

経営者の影響力は，株式保有率のバランスにより取引先や融資，企業統治，監査プロセスにまで影響を及ぼしている。経営者の株式保有率が高いと，決定権が経営者に集まり，独裁的になりやすい。例えば，2018年９月に不祥事が発覚したスルガ銀行の株式保有構造を分析すると，創業家の関連企業が15％を占め，融資の半数近くがファミリー企業20社である。2019年２月発覚したレオパレス21の株式保有比率においては，外国人投資家が39％，信託銀行と銀行が14％，金融商品業者が７％，個人・その他が27％，自己株式が0.4％であるが，創業者の株式保有比率が高く影響力が及んでいた。

欧米では株式保有率について規定を設けている企業が多く，創業者及び経営者が最大個人株主にならないよう株式分散所有型の株式所有構造も進んでいる。イギリスでは，経営者による株式保有比率と他の取締役の株式保有比率にあまり差がなく，株式分散所有型の企業が多い。CEO（最高経営責任者），CFO（最高財務責任者），COO（最高執行責任者）は年間報酬の２倍以上という規定になっており，９割以上の企業が規定を定めている。

一方，アメリカでは規定により経営者の株式保有比率は報酬の10倍，他の経営者は，報酬の約３倍と定められ経営者の株式保有比率は，他の経営者の数倍と非常に高く影響力が大きいことが指摘されている。加えて，社外取締役にも株式を保有させる規定もあり，それによりかえって配当金目当てで業績をよくみせようと自己利益を追求し不正を行う社外取締役もいる。株主所有率が高くなり経営者の影響が大きくなると不正行為を抑制しづらくなる傾向にある。そのため，代表取締役による株式保有比率を減らし，他の取締役にも保有させるように分散化しているのがイギリスの例である。代表取締役の独裁化を抑制し不祥事の発生を防止する対策として注目されている。日本の社外取締役も経営者から報酬を受けるというシステムであり，任期の更新も代表取締役や取締役が決定することが多く，経営者に対して反対意見を述べることで再任されなくなるという恐怖もある。そのため社外取締役や社外監査役もわずかな株式保有することで，取締役に対して意見を述べやすくしようとする企業も増えている。しかし，それでもまだ組織文化により反対意見を述べにくいのには変わりはない。また，多くの企業ではまだそういった対策をとっておらず，監査チェックという役割に対するプライドよりも権限の強い人を監査・監督することで，自身の処遇が悪化することが恐怖であるという意見もあり，実効性の低さが解決していないのが現状である。

⑶　社外取締役の株式保有比率と不正抑制効果

経営者の不正抑制効果に関する研究には，Shleifer and Vinshny（1989）が，CEOの任期が長いため地位の安定性が高くなることでエントレンチメント・コストが増加，自己利益を追求するようになると指摘した。しかし，役員退職慰労金額は，在職期間が長いほど増加，不祥事を起こせば退職金などが失われる懸念もある。

また，小佐野・堀（2012）は，多くの不祥事企業の株価は数ヶ月で元の水準に戻るため，不法行為を抑制するインセンティブにならないと指摘している。確かに株主は業績回復を重要視しているため，経営者の不正を黙認し，責任を追求しないケースもある。

また，Boone，Field,Karpoff and Raheja（2007）は，社長の影響力が大きい企業では社外取締役数が少なく，モニタリング効果が低いとし，社外取締役の持株比率が高いと，社長の影響力を抑制できると指摘している。また，柏木（2015）も日本と同様に中国の不祥事企業は優良企業より社外取締役の比率が低いと指摘した。また，中国不祥事企業の半数が，経営者自身の不正によるものであり，社外取締役の監査・監督機能に影響を与えていると指摘した。

経営者の持株比率が低く，キャッシュフローが多い企業は経営者の持株と配当には正の関係がある（La Porta et al.，2000）（Fenn and Liang，2001）。柏木

(2015) も中国企業においては経営者が最大株式保有者であると社外取締役のモニタリングの実効性には限界があること，他方，株式分散型企業では会計士や監査財務経験者を社外取締役に選任し，英語版の年報を作成するなどコーポレート・ガバナンスの意識が高いことをキャッシュフロー権，コントロール権から分析した。

一方，Alexander C (1999) は，経営者の株式所有比率が低い企業ほど不祥事が発生しやすいと報告している。背景には，多数の株式を保有する経営者は，自分の現金収入を得るために配当を実施する傾向がある。イギリスの不祥事企業のように，創業者の株式保有率は最大だが，他の取締役の株式保有比率が上ったことで，経営者と取締役の利害関係により，配当金のため私益を追求した取締役が不正行為を行った。

業績促進効果については，鄭義哲 (2015) は，経営者の所有比率が高いと所有と分離により，業績が上がると指摘している。確かに，経営者の株式保有比率が上がれば企業価値の評価が高まると株主が期待することもある。しかし，それは，一定の水準までであり，それ以上，経営者が株式を保有すると株主の圧力に抵抗することができ，私的な利益追求できるようになる。最近の研究では，経営者の株式保有は企業価値を下げるという指摘が増えている。特に，調査対象企業を中堅上場企業も含めた場合，長期的に創業者による影響力が続いている企業はマイナスの影響を与えている。

⑷　英米と比較した日本の株式保有に関する規定

日本では2019年９月改訂「コーポレート・ガバナンスシステムに関する実務指針」により，経営陣の報酬体系を設計する際に，業績連動報酬や自社株報酬の導入について検討すべき」と指摘した。しかし，日本での報酬構成比率の平均は，固定報酬が８割で，短期インセンティブの構成比率は１割あまり，中長期インセンティブの構成比率は数％，退職慰労金も数％となっている。また，社外取締役，常勤監査役，非常勤監査役は，数％のみボーナスなどのインセンティブ報酬であり，残りは固定報酬で構成されている。

一方，アメリカでは1993年に税法上の役員報酬の評価基準として，百万ドル基準を公開法人の役員報酬の損金算入限度額として導入した。役員に対する高額報酬を抑制するという目的で導入したとされている。またSEC（Securities and Exchange Commission）が同年に高額報酬に関する情報開示を義務づけたことから，役員報酬を情報開示することで，経営者が自身の報酬のみ急増させるなど独裁的行為を容認しないよう監視する目的もあった。さらに，業績連動型の役員報酬を促進するという意味もあった。法人税上では法人が支払った報酬は，合理的であることを要件に損金算入できる。ただし百万ドルを超えた場合は，損金参入ができない。しかしながら業績連動型は，特定の場合を除いておおむね損益参入できる。

アメリカでは，2017年に大手上場企業200社の調査において，99％の企業が経営者株式保有ガイドラインを策定している。経営者の株式保有は，報酬の３倍から10倍までと定められており，平均で６倍が目安となっている。世界的にもアメリカの経営者の報酬が非常に高いことは周知されているが，近年，経営者の株式保有比率も上昇傾向にある。経営者とは，CEOだけでなく，COOやCFOなどの業務執行役員なども含まれており，CFO，COOも基本報酬の３倍以上の自主株保有を求められている。

他方，イギリスでは法人税上の役員報酬に関する規定としては，取締役報酬は，事業上の必要なものであるとされた場合には全額損金算入が可能である。報酬・給料及び利益連動給与は特に区別されない。

イギリスでは，2017年に株価指数FTSE 250を対象とした調査で，経営者に株式保有を義務付けている企業は90％になり，CEOは年酬の２倍から３倍，他のCFOやCOOでも２倍以上を保有することを規定しているため，アメリカほど差がない。そのため影響力もアメリカほど大差はないといえる。

アメリカは高い報酬だけでなく，業績連動型のインセンティブをとっている企業が多く，その割合もイギリス，日本よりも高い。業績と連動して報酬額が変動する割合が大きいため，業績に固執することになり，企業統治，不正抑制は後回しになりがちである。保証されている報酬の割合が極端に少ないため，業績を上げなければ自分の報酬も上がらないという行動に出るため，社外取締役も同様の行為をとることになる。

アメリカと比較するとイギリスは固定報酬が多いため業績と関係なく，リスク管理をすることができる。それでもイギリスでは固定報酬が33%，インセンティブは66%ほどを占めている。アメリカと比較すると固定報酬の割合が多いが，全体の報酬のほとんどを固定報酬が占めている日本と比較すると，まだボーナスの割合は高い。しかし，CEOの株式保有率は報酬の２倍でCFOやCOOとあまり差がないため，影響力に差がなく，相互に監視し合うことができる。

ちなみにドイツでは，日本と同様に取締役の株式保有義務を定める企業は少なく，2016年時点では株価指数DAX 30構成銘柄では４社のみが報酬の２倍を保有すると定めているだけである。中国においては大株主は政府である民営企業が多いが，個人株主では最大の株式を保有している経営者による不祥事企業が半数近くを占めている。

社外取締役など外部役員の監査・監督機能の実効性が問われている中，株式保有比率の高い経営者及び創業者の場合，影響力が大きいという背景がある。株式分散所有型の企業を促進したイギリスでは経営者の不正行為が起きづらくなっている。最大株主の経営者と株式分散所有型企業の経営者の影響力には差があるため，外部役員による経営者の不正の抑制が期待される。2020年，社外取締役設置が義務化されたが，実効性を高くするために諸外国と同様に会計士の社外取締役を最低１人設置すること，また監査委員会の委員長にすることを盛り込む必要があるが，同時に経営者の株式保有比率を定める規定も必要がある。

3　社外取締役の独立性と比率

(1)　社外取締役の独立性の基準

日本取締役協会が2005年に定めた「独立取締役コード」によると，独立取締役とは，当該会社の経営者や特定の利害関係者から独立した判断を下すことができる（非業務執行）取締役をいう。また，Asian Corporate Governance Associationが2009年12月に発表した「日本のコーポレート・ガバナンス改革に関する意見書」では，独立取締役の定義につき，独立取締役は独立性，会計能力，専門性，権威，株主の利益に配慮する能力など細かな要件が課されている。

しかし，社外取締役の独立性の基準は企業に委ねられているのが現状である。独立性を一般株主と利益相反が生ずる恐れがあるかどうかという点で企業側が実質的に判断しているのが実態である。社外取締役と企業の関係がコントロールを受け得る者及びコントロールを及ぼし得る関係である場合は，株主との利益相反が生じる恐れもある。企業から役員報酬以外に多額の金銭や財産を得ているコンサルタント，会計士，弁護士，また企業の主要な取引先などが該当する。主要な取引先とは事業の意思決定に対して，親子会社や関連会社，または，それと同程度の影響を与え得る恐れがある取引先のことを指し，取引先の売上に相当部分を依存していたり，メインバンクなども該当する。メインバンクでも借入れ金額などの取引自体が少額であるケースもあるため，主要な取引先ということでも，その内容や金額によって独立性の基準は企業側の判断に頼っている。社外取締役の独立性に関して厳しく判断している企業と，そうでない企業があり，同じ内容でも「独立」社外取締役にしている企業もあれば「社外取締役」にしている企業もある。

他方，実際には，独立性を高めると専門性が低くなり取締役会での議論の時間が長期化するなどの企業側の懸念もあり，独立性を厳しくできないという実態もある。そのため，日本では独立性の基準を緩和し10年間と定めた。社外取締役に就任するの前の10年以内において「親会社の業務執行者又は業務執行者でない取締役」「親会社の監査役（社外監査役を独立役員として指定する場合に限る。）」「上場会社の兄弟会社の業務執行者」でない者としている。例えば，子会社，親会社，兄弟会社などの会計参与，業務執行者，取締役，監査役などが該当するが，過去10年間においては，そうでない場合は該当しないことになる。

企業は，独立性として具体的に「新しく就任した新任の社外取締役は，何年から何年まで子会社の総務部長である。当社製品の主要購入社であり，取引額は年間3,000万円で，当社売上高の10％を占めているが当社が決めて公表している独立性判断基準に対して，独立性があるとする」などを独立役員の届けに記載する必要がある。投資家向けにも明確に年報に新任の社外取締役について記載しなければならない。東京証券取引所では，株主保護のため，独立役員として１人以上設置することを定め，企業行動規範の遵守状況のため，「独立役員届出書」の提出を求めている。

⑵　アメリカにおける独立性の基準

アメリカにおいては，「独立取締役」を法レベルで定めたのは，2002年のサーベンス・オックスリー法（SOX法）が初めてで，当該企業からいかなるコンサルティング，助言もしくはその他の手数料を受け取ってはならない。または，当該企業及び子会社の利害関係者であってはならないと定めている。パートナー，株主，又は役員である場合も含むとされている。重要な関係や利害関係者とは，商業上，産業上，銀行取引上，コンサルティング上，法律上，会計上，慈善上，及び親族関係上のものを含み，判断は企業に委ねられている点もあるが，日本よりおおむね厳しいと思われる。ニューヨーク証券取引所NYSE上場規程とNASDAQ上場規程における独立性を判断するための材料として，業務的関係，主要な取引先等，金銭的関係，親族関係，外部監査人などとの関係である。

NYSEは，当該企業が独立取締役の独立性について判断することを要求しているがNASDAQは，当該企業の判断をSOX法301条で定められる「独立取締役」は，発行会社等の利害関係者でなく，SECは，利害関係者とはRule 10－３Aにおいて，取締役の持株比率が10％以下としている。

⑶　イギリスにおける独立性の基準

イギリスにおける独立性の基準としては，会社と業務的，家庭的関係その他のいかなる関係も有さず，支配株主・経営層・独立した判断を阻害する利益相反を有する者ではない者に限って独立性を有するとされている。当該企業とは雇用関係，金銭関係，業務上の関係，親族関係，また支配株主・監査人の従業員などでもないとされており日本より規定が厳しくなっている。

キャドベリー委員会が1992年12月１日に公表した「The Financial Aspects

of Corporate Governance」報告書と財務報告審議会（Financial Report Council）が定めた統合コードにおいて独立性の基準と開示規制を定めている。

4　諸外国と比較した社外取締役の監査・監督機能

社外取締役における普及はアメリカの影響が大きいといえる。不祥事が多発した1990年代からアメリカではコーポレートガバナスが重視されるようになり，2002年のSOX法により独立取締役制度が施行された。NYSEでは上場会社の独立社外取締役の独立性と構成員について定めた。1973年，監査委員会の設置が求められ，1974年には，監査委員会のメンバーの名前の開示，また，監査委員会を設置しない企業はその旨を示すことが要求された。1992年に米国法律協会（ALI）による最終報告書「コーポレート・ガバナンスの原理—分析と提言」（ALI Principles of Corporate Governance, Analysis and Recommendations proposed Final Draft）3.05においては「大規模公開会社は監査委員会を設置し，財務書類の監査と業務執行者を監督する機能を支援する」とし，監査機能を強化した。

2001年，NYSEでは監査委員会の構成員の１人以上は会計士であることを定め，現在，日本以外の多くの国でも会計士の資格保有者である独立社外取締役の設置が規定されている。監査委員会では独立社外取締役の監査機能が高く求められている。2002年のSOX法では，監査委員会が有効に機能していないという批判に対応するため，監査委員の全員を独立取締役であることを定め，独立性の定義も強化された。監査委員会を会社内の監視機関としても位置づけることになった。

イギリスでも1980年代に不祥事企業が多発し，コーポレート・ガバナンスの議論が活性化した。1981年には企業，投資家などの構成員によるキャドバリー委員会が設置され，順守しない場合は，その理由を開示する方針になった。1992年に「コーポレート・ガバナンスの財務的側面における委員会報告書」（キャドバリー・レポート）が公表され，３人以上の監査委員会の社外取締役の構成員からなる監査委員会の設置が規定に定められた。さらに，その後はフランス，オランダ，ベルギーなどのヨーロッパに普及することになった。またオーストラリアや香港，シンガポールなどではイギリスの研修制度を見本に，社外取締役の研修も重視された。

中国においても2001年，証券監督管理委員会（CSRC）が「上場企業における独立取締役制度の導入に関する指導意見」を提示し，2002年には，国家経済貿易委員会による「上場企業コーポレート・ガバナンス準則の発布」において上場企業に独立取締役の導入が義務化された。2005年には，公司法において，３人以上の独立取締役の設置，そのうち１人が会計士であることが定められた。取締役に占める独立取締役の比率が３分の１以上を占めること，監査委員会には独立取締役が委員長を努め，かつ過半数を占めなければならないとある。特に注目すべきは，イギリスの研修制度も取り入れ，受講だけでなく試験の実施も義務化されている。

むすび

日本においても社外取締役の監査機能の実効性を高くするために様々な議論がされているが，規制強化にまで至っていない。諸外国と同様に会計士資格保有者である社外取締役を最低１人設置することが必要である。また監査委員会の委員長に会計士資格保有者である社外取締役にすることも盛り込む必要がある。任意で監査委員会を設置している企業は増えているが，経営者が監査委員会の構成員であり，その経営者の影響力が大きく社外取締役が意見を言いづらい環境に陥っている実態もある。会計監査の業務について経営者の影響力をなくし透明性の高い監査ができるよう全企業形態においても全構成員を社外取締役など外部役員にし，監査委員会の監査機能を強化できる体制の整備が必要である。同時に経営者や社外取締役の株式保有比率を定める規定も必要があると思われる。

〔注〕

1）　日本監査役協会『役員等の構成の変化などに関するアンケート集計結果―第20回インターネット・アンケート』（監査役会設置会社版），2020年，設問７－２による。

2）　2019年10月10日，Ｄ社，Ａ社の監査役にヒアリングを実施した。

3)　柏木理佳『中国民営企業における独立社外取締役の監査・監督機能』2015年，桜美林大学大学院博士授与論文による。
4)　前掲注２)。
5)　前掲注２)。

〔参考文献〕

Alexander, C."Optimal Hedging Using Cointegration", Philosophical Transactions of the Royal Society, A 357, 1999, pp. 2039－2058.

Boone, A. L., Field, L. C., Karpoff, J. M. and Raheja, C. G."The Determinants of Corporate Board Size and Composition An Empirical Analysis", Journal of Financial Economics, 2007, p. 85, pp. 66－101.

Fenn, G., Liang, N., "Corporate Payout Policy and Managerial Stock Incentives", 2 Journal of Financial Economics 60, 2001, pp. 45－72.

Kashiwagi Rika, "Independence of independent non executive director in Chinese Private Company", JAFTAB, 2018.

Kashiwagi Rika, "Audit function by external director as human resource management-omparison between chinese & U. K. by owner's share holding rate-", Jyosai International University, Vol. 23, 2020, pp. 25－43.

Shleifer, Andrei, and Robert W Vishny. 1989."Managerial Entrenchment：The Case of Manager-Specific Investments."Journal of Financial Economics 25 (1)：pp. 123－139.

La Porta, R, Lopez-De-Silanes, F & Shleifer, A "Investor protection and corporate governance", Journal of Financial Economics, Vol. 58, pp. 3－27.

小佐野広・堀敬一（2012）「経営者の報酬に関する動学的契約理論に基づいた分析：行動経済学的アプローチ」『行動経済学』，252－255ページ。

鄭義哲（2015）「経営者の持株比率と株式パフォーマンス」『西南学院大学商学論集』第62(2)，73－94ページ。

東京証券取引所『独立役員の確保に係る実務上の留意事項』，2020年２月改訂。

日本取引所グループ『独立役員の確保に係る実務上の留意点』，2020年２月改訂。

第Ⅲ部

企業統治とステークホルダー

第１章　企業統治における顧客・取引先

はじめに

企業統治（コーポレート・ガバナンス）はわが国だけではなく世界的にもその必要性が認識され，各国において，法的，制度的な改革が行われている。

では，なぜ企業統治が必要とされ，その改革が求められているのであろうか。これは一言でいえば，企業活動を通じて企業がステークホルダー（利害関係者）に与える影響が大きいからである。そのため，特にマイナスの影響をステークホルダーに与えることを防止するようなシステムづくりを「改革」と呼び，企業の外部および内部のシステムを整えているのである。

したがって，この改革については，その内容が企業統治という上記のような目的達成のために十分なものとなっているか検討される必要がある。そこで，このような問題についてステークホルダーごとに目を向けることを，この第Ⅲ部全体の目的とした。

上記の企業統治改革の内容について，第Ⅲ部における視座をはじめに明らかにしておきたい。

企業は多様なステークホルダーとの関係のなかで企業活動を行っているにもかかわらず，現在の「企業統治改革」と呼ばれるものの多くは，後述する企業の多様なステークホルダーのうち，株主中心の改革となっている。そのため，改革の内容は不十分であり，そこに現代の企業統治改革の問題が横たわっているというのが第Ⅲ部における執筆者の共通の認識である。

株主を対象とした法的，制度的な改革のみでは，近年問題となっている従業員の雇用の問題，製品・サービスの質の問題など，株主以外のステークホルダーにとって最重要な問題の解決は困難である。株主にとって重要な改革だけではなく，その他のステークホルダーにとっても必要な改革が行われないのであれば，それは企業統治改革としては不十分であるということである。上記を言い換えれば，多様なステークホルダーに対するそれぞれの「責任」を果たすことができないのであれば，企業統治改革の問題は未解決なままとなってしまうのではないであろうかということである。そこで，ここからの第Ⅲ部ではステークホルダーごとに企業統治における解決すべき課題の考察を行う。特に本章では，多様なステークホルダーのうち，顧客や取引先について論じていく。

第1節　企業とステークホルダー

はじめに，本章において，企業統治とは何かということ，および企業統治の議論で問題とされているテーマについて明らかにしておきたい。

本章で企業統治とは，企業の最高経営組織における意思決定およびこの決定にもとづく執行活動の規律付けのことをいう。また，この企業統治について議論される際のテーマとは主に次のようなものであると認識している。

- 会社（企業）は誰のものか
- 会社（企業）はどのように統治されているか（統治されるべきか）

これはつまり，企業統治に関する議論においては，企業は企業活動を通じて「誰」に対する責任を達成するために企業内の何および「誰」をチェックする必要があるのか，同時に，そのチェックが実行されるためには，どのような「組織」づくりが行われなければならないかを問う必要があるということである。

なお，上記で前者の「誰」とは，「ステークホルダー」の（責任の）ことであり，後者の「誰」とは，「トップ・マネジメント」（に対するチェック）のことである。また「組織」とは，特に取締役会のような「最高経営組織」のことを意味し，組織化された結果を，企業統治システムと呼ぶ。

1　企業の社会的責任

本章では，はじめに「企業の社会的責任（CSR）」から論じていく。なお，

CSRと企業統治の考察は第Ⅱ部第2章での論考も参考としてもらいたい。

企業統治のテーマのなかで，なぜCSRから論じる必要があるのかについては，既述のとおり企業統治の議論では，企業は「『誰』に対する責任を達成する」必要があるのかを考察することが重要であるからである。また同時に，企業がCSRへの対応を誤れば，たちまち企業を取り巻く社会から，その企業が受け入れてもらえなくなってしまうからである（この「企業を取り巻く社会」こそが，CSRの議論のなかで企業の責任の対象となる多様なステークホルダーのことなのである）。

企業は多様なステークホルダーに取り囲まれながら企業活動を行っている存在である。これはつまり，ステークホルダーが存在していることで，企業が存続可能となっていると理解することができるということである。したがって，企業統治を行う目的も，企業がいかに各ステークホルダーに対する責任を果たすことができているか，ということにあると考えることができる。そのため，ここでは，まずCSRとは何か，という基本的なテーマから論じていく。

本章では既に繰り返し使用してきたが，「企業の社会的責任」のことを「CSR」という。これは，「Corporate Social Responsibility」からきている。企業の社会的責任（CSR）とは，企業活動において単に自社が存続するための経済的な利潤を追求するだけではなく，社会的に公正な行動および倫理的な行動も追求し，さらに環境や人権への配慮も取り入れ，その結果，企業のステークホルダーに対して責任ある行動をとることをいう。

2　企業の社会的責任が求められてきた背景

上記のような企業の社会的責任（CSR）が求められてきた背景について，ここでは，その大まかな流れについて論じたい。

繰り返しになるが，CSRは企業に単に利潤の追求だけではなく，社会的に公正な行動や倫理的な行動を求め，そして，環境や人権への配慮も求めている。この考え方の背景には，「会社（企業）は株主だけのものなのだろうか」という疑問と，その疑問に対する「法的な所有者は株主だとしても，彼等だけのものではない」という考えがある。そのため，さらに以下のような考えが生じる。

・　企業は規模が拡大し，その影響力が大きくなるにしたがって株主の私的所有物という存在から，社会の所有物，すなわち，「社会的な存在」という性格を強めるようになると考えられるのではないか（「企業は社会の公器」という認識の社会的な共有）。
・　そこでは，企業は出資者である株主ばかりではなく，従業員，顧客，取引先企業，地域住民などといった企業を取り巻く多様なステークホルダーの利益を実現することが求められるようになるのではないだろうか。
・　したがって企業の経営者は，上記のように企業を「社会的な存在」として，多様なステークホルダーの利益も考慮しながら企業活動を行っていく「責任」が生じるのではないか。

上記の「責任」とその達成こそが，「CSR」ということである。

このCSRについては，かつて，経営者がCSRを積極的に行うことは，企業の経営を株主から委託された経営者の行動としては「越権行為である」という意見が存在した。なお，ここで「積極的」とは，法令で定める以上の行動を企業（経営者）がステークホルダーに対して自発的に行うこと，という意味である。

このようにCSRを積極的に行うことを経営者の「越権行為」として否定的にとらえた考え方を「企業の社会的責任否定論（消極論）」という。しかし，現在この問題については，CSRを積極的に行うことによって多様なステークホルダーとの間に信頼関係が構築されることで，企業活動を継続していく際にこのCSRがプラスに機能すれば，むしろ，結果として上記の否定論者のいう株主の利益にもつながっているではないかというように理解されていると言ってよい。つまり，現在は「企業の社会的責任肯定論（積極論）」が世の中からは支持されているということである。

3　企業の多様なステークホルダー

ここからは企業を取り巻くステークホルダー（利害関係者）についての考察を行いたい。この企業のステークホルダーについては，これまでに「多様なステークホルダー」が存在しているということを指摘してきた。それでは，先にふれた株主，従業員，顧客，取引先企業，そして，地域住民の他に，企業には，具体的にどのようなステークホルダーが存在するのであろうか。また，そもそもステークホルダーとは，企業にとってどのような存在であるのだろうか，ということも，ステークホルダーの定義にまでさかのぼって論じたい。

⑴　ステークホルダーとは

これまで繰り返し「ステークホルダー（利害関係者）」という言葉を用いてきたが，ここで改めて，この言葉の定義を行いたい。実は，ステークホルダーという言葉には様々な定義が存在するのだが，ここではフリーマン（Freeman, R. E.）による定義を引用する[1)]。

フリーマンはステークホルダーを広義と狭義に解釈して説明しており，まず広義では「組織体の目標の達成に影響を及ぼすことができるか，もしくは，それによって影響を被るかする，集団または個人」であるとし，また，狭義では「組織がその存続を依存している，集団または個人」であると定義している。本章では，はじめに「企業統治の議論のなかでCSRについて論じる理由は，企業がCSRへの対応を誤れば，たちまち企業を取り巻く社会から，その企業が受け入れてもらえなくなってしまうから」であり，「この『企業を取り巻く社会』こそが，CSRの議論のなかで企業の責任の対象となる，多様なステークホルダー」であると論じたことを思い出してもらいたい。

⑵　多様なステークホルダーとは

この「多様なステークホルダー」とは，具体的にはどのようなものを言うのかということについて，ここでは研究者によっていくつかの分類が行われているため，それらを紹介しながら整理していきたい[2)]。

まず，ポスト，ローレンス，そして，ウェーバー（Post, Lawrence, and, Weber）によれば，ステークホルダーは「第一次ステークホルダー」（primary stakeholders）および「第二次ステークホルダー」（secondary stakeholders）に分類することができるという。「第一次ステークホルダー」とは，企業と相互依存関係の状態にあり，従業員・株主・債権者・納入業者・顧客・小売業者などが該当する。つまり，企業が商品やサービスを生産・販売する活動に影響を与えるような集団をいう。また，「第二次ステークホルダー」とは，上記の企業の活動によって直接的または間接的に影響を被ることになるステークホルダーのことであり，行政機関・外国政府・社会活動団体・報道機関・経済団体・社会一般の人々・地域社会などが該当する（図表１－１）。

次に，ウィラーとシッランパー（Wheeler and Sillanpää）はステークホルダーを「社会的ステークホルダー」（social stakeholders）および「非社会的ステークホルダー」（non-social stakeholders）という視点から分類し，さらに，前者の「社会的ステークホルダー」を「第一次社会的ステークホルダー」（primary social stakeholders）と「第二次社会的ステークホルダー」（secondary social stakeholders）に，後者の「非社会的ステークホルダー」を「第一次非社会的ステークホルダー」（primary non-social stakeholders）と「第二次非社会的ステークホルダー」（secondary non-social stakeholders）に分類している。

上記で「第一次社会的ステークホルダー」とは，企業とその存続に直接的な関係を有するステークホルダーのことであり，地域社会・納入業者・顧客・投資家・従業員・経営者などの，企業と意思疎通が可能な個人等が該当する。「第二次社会的ステークホルダー」とは，同じく企業と意思疎通が可能な個人等であるが，上記のような直接的な関係とは異なり，代表参加的な関係を有する，行政機関・市民社会・圧力団体・労働組合・有識者・業界団体・競合企業などが該当する。後者の「非社会的ステークホルダー」において「第一次非社会的ステークホルダー」とは，企業とその存続に直接的な利害関係を持つ，自然環境・未来世代・人類以外の生物種など，企業との意思疎通が困難な個人等が該当し，また，「第二次非社会的ステークホルダー」とは，企業とその存続に代表参加的な利害関係を有し，意思疎通が困難な，環境圧力団体・動物愛護団体などが該当するという（図表１－２）。

以上のように，企業とステークホルダーがどのような関係にあるのか，また，意思疎通が可能かのような分類方法で，「多様なステークホルダー」を具体的に列挙した。この後の議論のためにここで改めて確認しておきたいことは，株主（投資家）は企業の出資者であり法的には所有者であるが，企業というものは，上記のような多くのステークホルダーとの関係のなかで，直接的および間接的に影響を与え，また，与えられながら企業活動を行っているという事実である。

図表1－1　ポスト等によるステークホルダー分類

分　類	具体例	企業との関係性
第一次ステークホルダー	従業員・株主・債権者・納入業者・顧客・小売業者等	企業活動に直接影響を与える関係
第二次ステークホルダー	行政機関・外国政府・社会活動団体・報道機関・経済団体・一般公衆の人々・地域社会等	直接的または間接的に影響を被る関係

図表1－2　ウィラー等によるステークホルダー分類

分類1	分類2	具体例	企業との関係
社会的ステークホルダー	第一次	地域社会・納入業者・顧客・投資家・従業員・経営管理者等	直接的な利害関係であり，企業とは意思疎通が可能
	第二次	行政機関・市民社会・圧力団体・労働組合・報道機関・有識者・業界団体・競合企業等	代表参加的な利害関係を有し，企業とは意思疎通が可能
非社会的ステークホルダー	第一次	自然環境・未来世代・人類以外の生物等	直接的な利害関係だが，企業とは意思疎通が困難
	第二次	環境圧力団体・動物愛護団体等	代表参加的な利害関係を有し，企業とは意思疎通が困難

（出所）　図表1－1および図表1－2とも，水村典弘（2004）『現代企業とステークホルダー』，73−74ページをもとに筆者作成。

第2節　企業統治改革の新しい課題

株主は法的には企業の所有者ではあっても，上記のような多様なステークホルダーのうちの一つに過ぎないということが改めて確認できたものと思われる。また，このステークホルダーとは，既述のように「組織（企業）がその存続を依存している，集団または個人」であると理解するのであれば，株主の利益および彼等に対する責任を優先するということは，企業の存続にとって決して好ましい状態ではないということも理解することができたのではないかと思われる。しかし，後述するように，これまでの企業統治改革は，株主の利益および彼等への責任の達成を重視する方向で行われてきており，したがって，バランスを欠いた改革であったと理解することができる。このように「バランスを欠いた改革」とここで理解する理由について，以下で論じたい。

1　不祥事問題の本質（顧客・取引先に対する企業の責任）

わが国を代表するような大企業の不祥事が，これまで報道されてきたことは周知のとおりである。このような不祥事に対して，企業統治の観点から，議論が重ねられ，会社法をはじめとする法律や証券取引所における上場規程の整備などが進められてきた。ところが，現在でも多くの企業で相変わらず不祥事が発生しているのはなぜなのであろうか。

ここで問われるのは，多くの企業で発生する不祥事の背景や，その問題の本質は同一なのか，ということではないだろうか。そこで以下からは，多様なステークホルダーのうち，顧客・取引先に対する企業の責任という視点で考察を行いたい。

この問題について，例えば，過去に神戸製鋼所の製品の検査データの改ざん問題や日産自動車の無資格者による検査問題が明らかにされたことがあった。また，同じ時期に，この２社以外にも多くの企業（三菱マテリアルの子会社，SUBARU，東レ，旭硝子の子会社，丸善石油化学，宇部興産，川崎重工業，日立化成など）で品質不正，検査不正問題が公表された。これらのケースから菊池等（2019年）は，企業の不祥事問題の本質について，次のような点を指摘している[3)]。

「第１に品質不正をめぐる問題は品質標準に達しない製品の品質データの改ざん，顧客と取り決めた品質検査を行なわずに出荷しているケース，無資格者による検査などが含まれ，品質管理の領域における不正の問題であって，会計不正を主内容とする東芝，オリンパスのケースとは異なる性質の問題であるということができる。第2に現行のコーポレート・ガバナンスおよび監査，内部統制に関する制度の多くは，会計不正を防止することを主眼として編成されているといってよい。企業の重要なステークホルダーである取引先・顧客にとって最も重要な製品の品質データが改ざんされていたり，検査が行なわれていなかったり，無資格者によって検査が行なわれているという実態に対して，会計不正の防止を主眼とするガバナンスでは対応できるのかという疑問が生ずる」。

つまり上記の菊池等の指摘は，企業の不祥事問題の本質はケースによって異なるのであり，したがって，問題の本質に応えられるような企業統治システムを構築することができないのであれば，企業統治の問題の解決には近づくことはできないということである。この場合であれば顧客・取引先というステークホルダーの立場から最重要な問題は製品の品質に関するものであり，この問題に対していかに企業が責任を果たすことができるかということが解決すべき課題となることは明らかである。ところが，現実には上記に応えることができるような企業統治システムにはなっていないということである。

この点について菊池等はさらに，「神戸製鋼所は2016年6月に監査等委員会設置会社に移行しているが，この会社形態のガバナンス機能を担当する監査等委員である取締役（社外および社内）は，同社の場合，ほとんど銀行，法曹，財務出身者で占められている。製品の製造過程，品質管理部門で発生する不正に対して，どのような体制で対応すべきかが問われているといえよう」と述べている[4)]。現行の企業統治システムは，株主重視の立場から，会計不正を対象とした企業価値の毀損を防止する視点に立っており，このような視点からでは，上記で問題としたような顧客・取引先にとって最重要な製品の品質問題は解決できないということである。

2　企業統治改革の内容

なぜ企業統治システムにおいて上記のような解決すべき問題（本質が異なる

課題に対するシステムの改革）が残されたままとなっているのであろうか。

この点については，わが国における企業統治改革の内容（目的）についてみていく必要があるであろう。つまり，ここでは，これまで繰り返し指摘してきたように，株主だけではなく，多様なステークホルダーに対する責任を企業が果たすような企業統治改革の内容となっていたかどうかを確認することが重要である。

近年のわが国における主要な企業統治改革として，日本版スチュワードシップ・コードの公表（金融庁：2014年２月，改訂版2017年５月），改正会社法の成立（2014年６月，同施行2015年５月），そして，コーポレートガバナンス・コードの適用開始（東京証券取引所：2015年６月，改訂版2018年６月）をあげることができる。

まず，日本版スチュワードシップ・コードについてまとめると，これは機関投資家が取るべき行動原則を表したものであり，したがって，その目的も次のようなものとなっている。「本コードにおいて，『スチュワードシップ責任』とは，機関投資家が，投資先の日本企業やその事業環境等に関する深い理解に基づく建設的な『目的を持った対話』（エンゲージメント）などを通じて，当該企業の企業価値の向上や持続的成長を促すことにより，顧客（筆者注：ここでの「顧客」とは，投資家のことである。以下同じ）・受益者の中長期的な投資リターンの拡大を図る責任を意味する。本コードは，機関投資家が，顧客・受益者と投資先企業の双方を視野に入れ，『責任ある機関投資家』として当該『スチュワードシップ責任』を果たすに当たり有用と考えられる諸原則を定めるものである」[5)]。つまり，これは「機関投資家は資金の出し手の利益のために行動し，そのために投資先企業の経営者との対話を通して，長期的企業価値の向上に向けて努力する」[6)] ということについて書かれた内容の原則であり，決して企業の多様なステークホルダーに対する責任のために作成されたものではないということである。

次にわが国の会社法であるが，「制度としての日本の会社法は非常に株主を重視」しており，このことは，「アメリカの多くの州，例えばほとんどのアメリカの公開企業が準拠しているデラウェア州の会社法と比べると，我が国の会社法の方がはるかに株主主権的」であること，したがって，「制度論としての日本のコーポレート・ガバナンスはきわめて株主主権的だから改めるべきだという議論は，あり得るだろうと思います」という意見があることを指摘しておきたい[7)]。

最後にコーポレートガバナンス・コードについてみたい。これは，東京証券取引所に上場する企業（一部および二部）が守るべき行動指針としての内容であり，「基本原則」，「原則」，そして，「補充原則」からなっている（なお，当該企業は上記のすべての原則について，実施するか，実施しない場合はその理由を説明するという，いわゆる「コンプライ・オア・エクスプレイン」が求められる）。

さて，このコードの目的について明らかにすると，「本コードは，実効的なコーポレート・ガバナンスの実現に資する主要な原則を取りまとめたものであり，これらが適切に実践されることは，それぞれの会社において持続的な成長と中長期的な企業価値の向上のための自律的な対応が図られることを通じて，会社，投資家，ひいては経済全体の発展にも寄与することとなるものと考えられる」とある[8)]。したがって，先にみた日本版スチュワードシップ・コードと比較すると，一見，多様なステークホルダーを対象とした内容の行動指針のようにみえる。これは，上記の「基本原則」のなかで「②株主以外のステークホルダーとの適切な協働」をあげている（後述）ことからも，そのように言えそうである（ここで「株主以外のステークホルダー」とは，「従業員，顧客，取引先，債権者，地域社会をはじめとする様々なステークホルダー」のことである）[9)]。しかし以下の理由から，ここでも株主利益中心の内容であると理解せざるを得ない。

コーポレートガバナンス・コードの「基本原則」は，①株主の権利・平等性の確保，②株主以外のステークホルダーとの適切な協働，③適切な情報開示と透明性の確保，④取締役会等の責務，そして，⑤株主との対話の順で５つから構成されている[10)]。上記のうち，ステークホルダーに注目すると，株主に対しては①および⑤で独立して取り上げられている。しかし，他のステークホルダーに対しては②で，「株主以外」という位置づけでしか示されていない（本章で株主以外のステークホルダーが「多様」であったことは既にみたとおりである）。

もともと「証券取引所」が公表しているコードであるという性質もあるが，上記の点からも，やはり，株主に対する責任の内容を中心としたものであると言わざるを得ない。

上記は，いずれも主に株主の権利および利益を保護するという責任の考え方にもとづいており，その結果，株主以外の多様なステークホルダーの権利および利益の保護に対する責任は後回しにされてしまっていると理解できる。

ところが，既にみたように企業の不祥事の問題の本質は，ケースによって（ステークホルダーに対する責任の内容によって）異なっているのである。はたして，これまでの「企業統治改革」で，現在解決が迫られている企業統治の問題に対応することができるのであろうか。

以上が，「バランスを欠いた改革」と本節の冒頭で指摘した理由である。

まとめと今後の課題

本章では企業統治改革の内容について，現在の改革において何が問題となっているのかについて論述した。ここで問題となっているのは，改革の内容について，多様なステークホルダーのなかから，「株主重視」を前提とした企業統治の法的，制度的な「改革」が行われているということである。

「会社（企業）は誰のものか」と問われたとき，法的には「株主のもの」と答えることが自明のことと理解されている。しかしその一方で，企業は株主のものとするにはあまりにも多様なステークホルダーへの影響が大きいという考え方が以前からあることも本章のなかで言及した。企業は社会があってはじめて成り立っているのであり，株主の単なる私的な所有物ではない（「企業は社会の公器」）という考え方は以前から経営学のなかで存在してきたのである。

現在，企業統治において改革が迫られている内容の本質は，これまでのような「株主重視の企業統治改革」ではカバーすることができないのではないだろうか，これが第Ⅲ部の視座および問題意識である。企業はここであげた多様なステークホルダーとの関係のなかで企業活動を行っているのだから，ステークホルダーごとにどのような責任を達成することが求められているかを認識する必要があるのであり，また，認識するだけではなく，その責任を実現できるようなシステムづくりこそが「改革」の名にふさわしいのではないだろうかというのがここでの主張である。本章では多様なステークホルダーのうち，顧客や取引先について論じたが，この他のステークホルダーに関する問題の考察は，この後に続く各章に譲りたい。

これまでのような株主への責任はもちろんであるが，今後は，その他の多様なステークホルダーに対する責任に対しても，問題の本質をとらえ，いかに企業が応えることができるのか，それが現代の企業統治改革において解決が迫られている新しい課題となっている。

〔注〕

1)　佐久間信夫編著（2016）『よくわかる企業論（第２版）』，28ページ。
2)　水村典弘（2004）『現代企業とステークホルダー』，72－74ページ。
3)　菊池敏夫他（2019）「コーポレート・ガバナンスの新しい課題」，54ページ。
4)　菊池敏夫他，同上論文，54ページ。また，この点については，現行の企業統治システムは，会計不正の防止を主眼としているため，社内および社外の取締役に製品の製造や品質管理とは無関係の部署の出身者が当たることが多く，そのため，品質問題の不正を見抜くことができないとも指摘している。
5)　スチュワードシップ・コードに関する有識者検討会（2017），４ページ。
6)　佐久間信夫編著（2017）『コーポレート・ガバナンス改革の国際比較』，９ページ。
7)　宍戸善一他（2010）『公開会社法を問う』，33－34ページ。
8)　東京証券取引所（2018）「コーポレートガバナンス・コード」改訂版，１ページ。
9)　東京証券取引所，同上コード，２ページ。
10)　東京証券取引所，同上コード，２－３ページ。

〔参考文献〕

菊池敏夫著（2007）『現代企業論―責任と統治―』中央経済社。
佐久間信夫編著（2016）『よくわかる企業論（第２版）』ミネルヴァ書房。
佐久間信夫編著（2017）『コーポレート・ガバナンス改革の国際比較』ミネルヴァ書房。
宍戸善一　他（2010）『公開会社法を問う』日本経済新聞出版社。
藤田誠（2015）『経営学入門』中央経済社。
水村典弘（2004）『現代企業とステークホルダー』文眞堂。
吉村典久　他（2017）『企業統治』中央経済社。
菊池敏夫・磯伸彦（2019）「コーポレート・ガバナンスの新しい課題―ステークホルダー・アプローチの視点」『経営情報学論集』第25号，51－58ページ。

スチュワードシップ・コードに関する有識者検討会「責任ある機関投資家」の諸原則《日本版スチュワードシップ・コード》改訂版（2017）。https://www.fsa.go.jp/news/29/singi/20170529/01.pdf.
東京証券取引所「コーポレートガバナンス・コード」改訂版（2018）。https://www.jpx.co.jp/news/1020/nlsgeu000000xbfx-att/20180601.pdf.

第2章　企業統治と従業員

はじめに

この章では，企業統治における従業員の位置づけを考えていく。企業統治への従業員の関与はどのように正当化されるのかが第一に重要な課題となろう。本書の第Ⅲ部で議論されるように，株主，債権者，消費者，取引先，地域社会と多様なステークホルダーが存在しており，そのなかで，なぜ従業員が特別な位置づけを与えられるのかが解明されなければならない。その出発点として，企業統治における従業員の役割について簡潔に述べているG20／OECDコーポレート・ガバナンス原則の「Ⅳ　コーポレート・ガバナンスにおけるステークホルダーの役割」から引用しておこう。

「従業員がどの程度コーポレート・ガバナンスに参加するかは，各国の法律や慣行によって決まるものであり，会社ごとに異なるものでもあろう。コーポレート・ガバナンスの文脈において，従業員参加の仕組みは，会社にとって直接の利益をもたらすとともに，従業員が会社に特有の技能への投資に積極的になることを通じて，間接の利益をももたらす可能性がある。従業員参加の仕組みの例としては，取締役会への従業員代表の参加や，一定の重要な意思決定について従業員の視点を考慮に入れる労働評議会（works councils）のようなガバナンス過程が挙げられる。国際協定や国内規範でも，従業員の情報，協議，交渉に対する権利が認識されている。業績向上の仕組みとしては，従業員持株制度やその他の収益分配の仕組みが多くの国で見られる。年金の約束も，多くの場合，会社とその元従業員・現従業員の間の関係をなす要素である。こうした約束が独立の基金の創設を含む場合には，その受託者は，会社の経営陣から独立であるべきであり，当該基金を全ての受益者のために運用するべきである[1)]。」

この引用の中のはじめの部分で言及されている「従業員が会社に特有の技能への投資に積極的になる」という問題は，人的資本理論で議論されている問題であり，本章でも最初にこの問題を考えていく。つぎに，「取締役会への従業員参加や，一定の重要な意思決定について従業員の視点を考慮に入れる労働評議会のようなガバナンス過程」とは，共同決定と呼ばれる領域の問題であり，世界的にどのようなしくみにより行われているのかを見ていく。さらに，「従業員持株制度」について，説明する。最後に，企業統治の課題のひとつである「さまざまな不正の防止」に関する従業員の積極的な関与の仕方として，内部告発・内部通報の問題を取り上げる。

第1節　企業統治における従業員の重要性

1　人的資本提供者としての従業員

(1)　人的資本の重要性の高まり

近年の企業統治の議論では，金融資本を提供する株主（資本家）や債権者（銀行ほか）に対比して，人的資本を提供する従業員（労働者）を対比する研究が注目されている。人的資本の概念は，古くはアダム・スミスにまで，遡ることができるが，その重要性が認識されるようになったのは，1960年代ころからで，教育や訓練の経済的な意味や賃金・所得格差の問題を議論するために使われてきた。人的資本は，「個人の持って生まれた才能や能力と，教育や訓練を通じて身につける技能や知識を合わせたもの」と広く定義されるが，企業統治の文脈では，企業や特定の産業における成功に係わる労働力の技能や能力のように，より狭く定義する傾向がある。人的資本の重要性を最もわかりやすく示した例は，古いが，スウェーデンのホンダール製鉄所の例だろう。建設（1836年）後，15年間新規投資がされないにもかかわらず，人・時間あたりの産出量が15年間にわたって，年平均２％ずつ上昇した。

OECDによれば[2)]，人的資本に注目が集まっている最も重要な要因の第一は，いわゆる知識経済の拡大であり，その傾向は，Googleのような企業の出現や職種の漸進的なシフトに現れている。第二は，グローバル化であり，Appleのような企業の活動は先進的なICT技術に支えられ，世界的なサプライチェーンに依存して行われており，また，ソフトウェアプログラミングのような仕事も発展途上国の人々へシフトしつつある。第三は，高齢化社会の進行で，日本の場合に顕著だが，先進諸国では平均年齢が上がり，高齢の労働者の技能や知識のアップデートが必要になっていることである。また，アメリカのSECが，2020年８月に，人的資本の情報開示を義務づけると発表したことにより，より注目が集まっている[3)]。この情報開示の背景として，企業競争力の源泉としての人的資本の役割が高まっていること，それに付随して，人的資本のマネジメントが重要性を増しており，企業におけるその実態が，投資判断指標として，非常に重要になっていることがあげられる。

(2)　一般的人的資本と企業特殊的資本

企業統治に関わる議論では，すでに述べたように，人的資本を狭く把握して，とくに，企業内で行われる訓練に関連して，「一般的人的資本」と「企業特殊的人的資本」に大別して考える。「一般的人的資本」とは，外国語の能力や専門知識や資格，ワープロや表計算ソフトウェアの操作技術など，どの企業において働いていても同じように利用できる生産性を高める技能である。「企業特殊的人的資本」とは，商品知識，組織運営，人脈など，働いている企業においてのみ生産性を高める技能である。

一般的人的資本は，従業員がどの企業で働いていても活用することができるために，企業が費用を負担して，一般的人的資本の蓄積を行っても，従業員が転職してしまうと企業はその収益を回収することができない一方で，従業員は転職先の企業で一般的人的資本を利用することができるため，企業が一般的人的資本に投資する動機は小さいと考えられる。公共職業訓練は企業が投資する動機が少ない一般的人的資本への公共投資であると考えることができるし，個人で，社会人大学院に通うことや様々な専門資格の取得に励むのも，一般的人的資本への投資であると考えることができる。他方で，企業特殊的人的資本への投資は，企業にとっては労働者が退職してしまえば回収できず，労働者にとっては転職してしまうと回収できないので，それぞれが単独で投資を行う動機はない。双方が進んで企業特殊的人的資本に投資するのは，長期雇用を前提に，双方がその投資を回収できると考える場合である。企業競争力の源泉として，人的資本の重要性が高まっていることをすでに示したが，それは，企業特殊的人的資本によって，生み出されると考えるのが自然であろう。

従業員が受け取る賃金は一般的人的資本と企業特殊的人的資本の両方の評価によるものと考えると，企業特殊的人的資本についての評価部分は他社では受け取ることができない。つまり，従業員は企業特殊的人的資本への投資という面で，株主と同様に，リスク負担をしていると考えることができる。また，株主による株式の売却を通じた企業からの退出と従業員による退職という形での企業からの退出を比べれば，従業員のほうがよりリスクを負っていると考えられる。これらの点から，企業統治の担い手として，株主と従業員を同等にとらえる考え方が出てくる。消費者のニーズが多様化・高度化しているような社会では，金融資本よりも人的資本の質が競争力を左右することがますます多くなってこよう。

企業統治の文脈で言えば，このような人的資本の重要性が高い状況において，従業員に，株主と同様の企業の主権者としての権利を認めるべきなのかどうかということである。そして，株主の短期的な利益追求の脅威からいかにして，人的資本を守るのかが論点となる。ことに，日本に目を向ければ，いわゆる少子高齢化の結果として生産年齢人口が減っていくと予想され，金融資本に対する人的資本の相対的重要性はますます高くなっていくと考えられ，非常に重要な問題であると思われる。

2　人的資本投資と企業統治：モデル分析

企業統治と人的資本投資の関係についてのモデル分析を紹介して，議論をすすめよう。

星のモデル分析では，銀行によるモニタリングは企業内訓練による技能取得と相互補完性を持つ一方で，株式市場による規律付けはインセンティブ賃金に支えられた自己投資による技能取得と相互補完性を持つことが示されている[4)]。

北川のモデル分析では，株式市場を通じた企業統治では，企業はリスクをとって，高収益を追求することが求められる結果として，企業特殊的人的資本を形成する機会を与えられる労働者は極めて少数となり，労働者間の所得格差は極めて大きくなることが示されている。一方で，メインバンク制のもとでは，企業の存続確率が高いために，多くの労働者が企業特殊な人的資本を形成する機会が与えられ，労働者間の所得格差も小さくなることが示されている[5)]。

これらのモデル分析は，岩井による，現代の企業では，従業員のもつ人的資本の重要性が高く，そして，人的資本への投資を促進するには，株主主権という考えはいまや不適合であると主張にむすびつくものである[6)]。とはいえ，銀行による企業統治に後戻りできないのもまた，事実である。つまり，これまでの企業統治の中心課題であった経営者のエージェンシー問題を解決することに加えて，どのようにして，人的資本，とりわけ企業特殊的人的資本の蓄積を促進していくのかということが，企業統治にとって，喫緊の課題なのである。

第2節　従業員参加に関する諸問題

第Ⅰ部第１章では企業統治の型について，説明がなされた。その中で，企業統治機関に従業員・労働者代表が参加しているものとして，ドイツ型と中国型があげられた。OECD諸国における従業員参加制度の状況は図表２－１に要約される。これを見れば分かる通り，ヨーロッパ諸国では従業員参加を制度化している国々は多いが，世界的には，少ないことがわかる。ここでは，ドイツ型と中国型の従業員代表監査役の問題を検討するとともに，従業員参加が制度化されている他の国々の状況を簡単に見ていこう。

1　ドイツの共同決定制度

まず，ドイツにおいて，どのようにして，共同決定制度が発展してきたのかを見てみよう。ドイツでは，1920年に経営協議会法を制定して労働者の経営参加への道を切り開いた。第２次世界大戦後，西ドイツで，1951年のモンタン共同決定法，1952年の経営組織法（1972年に大幅に改正され，2001年にも修正），1976年の拡大共同決定法と続いて，労働者の経営参加が法制化されてきた。以下，企業レベルでの議論に絞って，簡単に説明する。

⑴　モンタン共同決定法は，従業員1,000人以上の石炭・鉄鋼業（モンタン産業）が対象で，監査役会が労使同数で構成することが規定され，しかも労務担当執行役の任免が労働側監査役の過半数の賛成がないと行えない。また，監査役の過半数の同意によって，もうひとりの中立的な立場から公益代表の監査役を選出することができる。

⑵　経営組織法は，経営協議会法を受け継ぐもので，従業員数500人以上2,000人未満の資本会社に適用される。監査役会への従業員代表の参加は３分の１であり，労使同権ではなく，労務担当執行役も置く必要がない。つまり，従業員500人未満の資本会社には，企業レベルでの共同決定制度は適用されない。

⑶　拡大共同決定法は，従業員2,000人以上のモンタン産業を除く全産業の資本会社に適用される。監査役の人数は，従業員2,000人以上10,000人未満の場合は12人，10,000人以上20,000人未満の場合は16人，20,000人以上では20人である。監査役会は労使同数で構成されるが，労働側監査役の内訳は，12人の場合は従業員代表４人・労働組合代表２人，16人の場合は従業員代表６人・労働組合代表２人，20人の場合は従業員代表７人・労働組合代表３人である。なお，従業員代表のうち少なくとも１人を管理職員とすることが義務づけられ，管理職員の利害は雇用者側にあるといわれている。さらに，議長は事実上，資本側監査役から選出され，議長は監査役会において，投票において可否同数となった場合に，追加的な決定投票権としての１票を投ずる第２投票権をもっている。さらに，労働側監査役には労務担当執行役を任免する特別な権限も与えられていないため，モンタン共同決定法と異なって，労使が完全に同権ではなくなっている。

⑷　2004年の三分の一参加法は，基本的に，経営組織法のトップマネジメント

構造を整理したもので，501人以上1,000人までのモンタン共同決定法を含むドイツの全企業に適用され，加えて，モンタン産業を除く1,001人以上2,000までの資本会社，2,001人以上の相互保険会社が適用範囲となっている。

ドイツではこのように，資本側のみならず，労働側にも，企業統治への関与の可能性が制度的に広く開かれている。では，ドイツの共同決定は，実際に，どのように評価されているのだろうか。かねてから，吉森は，ドイツの共同決定制度は，その理想通りに機能していないことを指摘してきた[7)]。①監査役会が得ることができる情報が少ない，②監査役会の事前承認事項が削減されている，③監査役の経験・知識が不足している，④監査役が勤める銀行の取引の維持を優先していて監査に消極的である，⑤監査役の兼任が多い，⑥監査役会の開催が少ない，など，多くの点でドイツの監査役会が機能していないとしている。ただし，このような批判に対しての反批判もあり，より一層の研究による実態解明が期待される[8)]。

2　中国における従業員代表監査役の実態

すでに，第Ⅰ部第1章で，中国の企業統治システムについては概説されており，会社法（公司法）により，株式会社の場合，企業統治機関として，業務執行を行う取締役会（董事会）とその監督をする監査役会（監事会）があり，監査役会に3分の1以上の従業員代表監査役を選任することになっていることは周知のことである。ここでは，従業員代表監査役の実態についての先行研究を簡単に紹介しておきたい。

董による上場企業150社の2010年度の年次報告書ベースでの調査によれば[9)]，上場企業150社のうち，54％は従業員代表監査役を設置していない。従業員代表監査役をおいている企業では，1名ないし2名の監査役の設置で9割を超える。また，従業員代表監査役の9割以上が職務を兼務しており，その兼務先は，筆頭株主が8.26％，当該会社以外が14.68％，当該会社が68.81％である。そして，その兼任職務は，経営陣，共産党幹部，財務・証券・法律関係が多い。つまり，従業員代表監査役の職務は“本職”ではなくて，むしろ“兼務”であると考えられる。そのために，従業員代表監査役は従業員利益の保護よりも株主あるいは派遣会社の利益を優先するための監督・監視の役割が大きくなり，従業員代表監査役として，本来期待されている役割を果たすことができるのかについては疑問であるとしているとしている。また，兼務が横行する監査役の報酬を把握するのは非常に難しいという。

3　従業員参加の世界的な潮流

以下では，ドイツ・中国以外の従業員参加制度について，簡単に見ていこう。

⑴　単　層　型

①ノルウェーは，取締役会のみの単層型で，従業員数が21－50名の企業では1名，51－200名の企業では最低で２名ないし３分の1,201名以上の企業では最低３名ないし３分の１の従業員代表取締役が選出される。②スウェーデンもノルウェー同様に，取締役会のみの単層型で，従業員が25名以上999名以下の企業では，２名の従業員代表取締役，従業員1,000名以上の企業では３名の従業員代表取締役を選出し，いずれも従業員代表取締役と同数の代理人（deputy）も選出する。どちらの場合でも最大で50％までとなっているが，強制ではない。エリクソン社の2019年度の年次報告によれば，同社の取締役会は株主総会によって選ばれた10名の取締役と労働組合によって指名された３名の取締役（３名の代理人）により，構成されている。

⑵　二　層　型

オーストリアでは，従業員300名以上の企業において，監査役会において従業員代表を３分の１選出するが，従業員代表は労働評議会のメンバーでなくてはならず，しかも議決権は従業員でなければもてない。

⑶　ハイブリッド型

①チェコでは，単層型と二層型を選択できるが，従業員500名以上の二層型の企業の場合，監査役会に従業員代表を選出しなければならず，従業員代表監査役は従業員でなくてはならない。②デンマークでは，二層型と単層型を選択できるが，従業員35名以上の企業において，３分の１，最低２名の従業員代表

を選出するが，最大50％までである。③フィンランドの状況は非常に特殊である。経営陣と従業員を代表する少なくとも２つの人事グループとの間で（人数の制限があらかじめない形での）従業員代表の人数とどの機関（監査役会，取締役会，執行役会）に出席するのかについての合意を交わす。もしそのような合意がない場合には，従業員150名以上の企業において，経営陣が決める機関に従業員代表が出席する。その人数は最低１名最高４名だが，その機関の５分の１を占める。④フランスは，単層型と二層型の選択制である。単層型の場合，取締役の４人以内（上場企業は５人以内）で４分の１以上を**自発的**に従業員代表取締役として，選出している。二層型では，フランス国内の従業員数が1,000人を超える，ないし全世界で5,000人を超える企業では単層型では取締役会，二層型では監査役会に従業員代表を選出する。人数は全体の規模に依存して，12人までの場合，最低１名，12人を超える場合，最低２名となっている。⑤ハンガリーでは，公開有限会社のみが単層型を選択することができ，従業員200名以上の企業で，単層型の場合，労働協議会と取締役の合意により，従業員代表取締役を選出でき，二層型の場合，３分の１の従業員代表監査役を選出できる。⑥ルクセンブルクでは，従業員1,000人を超える公開有限会社において，３分の１の従業員代表を選出できるが，労働組合により，直接，３名が指名される。⑦オランダの場合は，資本金が1,600万ユーロを超え，労働協議会が存在し，従業員が100人を超える企業において，二層型では，監査役会の３分の１の従業員代表監査役，単層型では，非執行取締役の３分の１の従業員代表取締役を選出する。⑧スロバキアでは，従業員50人以上（定款に記載されていれば従業員50人未満）の公開有限会社において，監査役会に，３分の１の従業員代表監査役を選出できる（定款の記載により，最大50％まで）。⑨スロベニアでは，従業員が50名以上，売上高が880万ユーロ以上，資産価値が440万ユーロ以上，の３つの条件のうち，少なくとも２つ満たす企業では従業員代表を選出する。単層型では（定款に記載して）最低１名，４分の１の従業員代表取締役，二層型では（定款に記載して）最低３分の１から２分の１までの従業員代表監査役を選出できるが，従業員代表監査役は議長を務めることができない。なお，従業員500

名を超える企業では，二層型の場合，執行役会に１名の従業員代表を選出でき，単層型の場合，１名の業務執行取締役を選出できる（従業員500名以下でも経営者と労働協議会が合意すれば同様のことが可能である）。

４　イギリスにおける動向

2018年にイギリスのコーポレートガバナンス・コードが改訂され，短期主義を排して，長期主義かつ持続可能な企業価値の向上を促進することが再確認されるともに，新たなprovisionが追加され，取締役会に従業員とのエンゲージメントを強化し，その考え方や意見の理解に努めることを求めることが要請されることになった。すでに，2006年会社法172条で，広範なステークホルダーの利益を考慮しなければならないことが明記されていたが，この点に関して，2016年のコーポレートガバナンス・コードよりも踏み込んだ形になっている。

取締役会に従業員の声が届くようにする仕組みとして，①従業員代表取締役招聘，②従業員に諮問する正式な会議（諮問委員会）の設置，③従業員との対話を担当する非執行取締役の配置，があげられ，いずれかまたはいくつかの組み合わせを選択するか，選択しない場合には，代替案が実効的であることの説明をすればよいことになっている。なお，従業員代表取締役に関しては，取締役が株主に対して負う責任と従業員代表という立場の利益相反の懸念もあり，その機能発揮に疑問符を投げかける意見もある[10)]。

５　日本における可能性

日本では，第２次世界大戦後の労働運動が盛んな時期に，労働協約に基づいて経営協議会その他の労使協議機関が生れた歴史があるが，より高次元の経営参加へと発展することはなく，図表２－１にあるように，従業員代表の企業統治機関への参加は法制化されていない。しかしながら，2009年に「公開会社法」の議論において，一定規模の上場会社に監査役会に従業員選定監査役を選任することを義務付ける制度が示され，その後，法制審議会で議論された経緯があり，その論点を紹介しておこう[11)]。①監査役会構成員のうちの一人を従業員によって選出するが，従業員によって選ばれた監査役候補者も最終的には株主総会の決議によって選任され，②被選挙権者は従業員に限定しないが，組合ベースではなく，③監査役会の監査権限の範囲を，適法性監査から妥当性監査にまで拡大する，④この制度は，従業員の利益保護が目的でなく，従業員選定監査役が会社の様々なステークホルダーの利益を代表して会社を監査することが目的であり，従業員選定監査役の存在によって，とりわけ，不利な情報を監査役がすくい上げることが期待されるものである，とされていた。その後，会社法の大きな改正があったが，いまなお，再考すべき論点を含んでいると思われる。

図表2－1　企業統治機関への従業員・労働者代表の参加（OECD）

A　法制化されていない国・地域
アルゼンチン，オーストラリア，ベルギー，ブラジル，カナダ，チリ，コロンビア，コスタリカ，エストニア，ギリシア，香港，アイスランド，インド，インドネシア，アイルランド，イスラエル，イタリア，日本，韓国，ラトビア，リトアニア，メキシコ，マレーシア，ニュージーランド，ポーランド，ポルトガル，ロシア，サウジアラビア，シンガポール，南アフリカ，スペイン，スイス，トルコ，イギリス，アメリカ
B　法制化されている国々
単層型 ノルウェー，スウェーデン
二層型 オーストリア，中国，ドイツ
ハイブリッド型（単層型or二層型） チェコ，デンマーク，フィンランド，フランス，ハンガリー，ルクセンブルク，オランダ，スロバキア，スロベニア

（出所）　OECD CORPORATE GOVERNANCE FACT BOOK 2019，Table 4.8を基に作成。

第3節　従業員持株制度

従業員持株制度は，会社が従業員に自社株保有をしてもらうための制度である。その実施手段は様々であり，この後，イギリス，日本，アメリカ，ドイツ，中国における状況を簡単に説明する。従業員持株制度は，理念的には，従業員の企業への帰属意識を強めるとともに，その勤労意欲を高め，企業業績の向上に資することにある。これによる企業業績の改善が，企業価値を高め，株価上昇への材料となり，株価の上昇が従業員財産の価値増大に結びつくことになる好循環を描くのが理想となる。また，企業の情報共有の観点から，株主と従業員の間の情報格差を埋めるものとして，期待される。

1　イギリスにおける従業員持株制度

イギリスの従業員持株制度は現在，次の４種類のスキームがある[12)]。①SAYE（Save As You Earn），　②SIPs（Share Incentive Plans），　③CSOPs（Company Share Option Plans），④EMIs（Enterprise Management Incentives），である。イギリスにおいて，13,000社が何らかの従業員持株制度を設定している。Corfe & Kirkupによる上場企業の1,000名の調査から，①３分の２以上（68%）の回答者が勤務先企業の株式を保有するという考えを気に入っていること，②60%の回答者がこのようなスキームの存在が当初考えていたよりも長く，その企業で勤めようとするインセンティブとなっていること，③58%の回答者がこのようなスキームにより，生産性の改善のためによりよく働こうとするインセンティブとなっていること，などを明らかにした。このような好意的回答にもかかわらず，16歳以上の成人人口の3.6%，約190万人が従業員持株制度を利用しているに過ぎない。

2　アメリカにおける従業員持株制度

アメリカにおける従業員持株制度は，ESOP（employee Stock Ownership Plan）と呼ばれ，企業負担の退職時株式給付制度である。1974年に制定されたERISA（Employee Retirement Income Security Act）および1986年に制定されたIRC（Internal Revenue Code of 1986）において定義され，広く普及している。ESOPは従業員全員が制度の対象となり，借入を利用して自社株を買い付ける。引き出しは原則59.5歳以降の退職までできない。議決権行使については，従業員が指図することができる。

NCEO（National Center for Employee Ownership）の推計によれば，2020年現在，約6,600のESOPがあり，1,400万人を超える参加者がある。21世紀初頭からESOP数自体は減少しているものの，加入者は増加している。2020年６月にNCEOが発表した従業員数ベースでの全米ESOP最大100社のうち，51社が100％従業員所有となっているのは興味深い。

ESOPの企業統治における教訓として，しばしば引き合いに出されるのが，ユナイテッド航空UALのケースである13)。1994年に経営危機に直面した際に，ESOPを利用して，従業員が発行済株式総数の55％を支配し，労使一体で，当時の危機を乗り切ることに成功した。しかしながら，2002年に連邦破産法チャプター11の適用を申請したときに，再建のネックとされたのも，このESOPであり，UALのケースはESOPの功罪を示した事例であると考えられている。しかしながら，UALのESOPが一般的なESOPと異なる特殊なスキームのものであったこと，そして，なにより，アメリカの航空業界は，2011年のアメリカン航空の倒産で，すべての航空会社が倒産を経験することになった業界であることなどから，UALのケースの評価は非常に難しいものであることも事実である。

3　日本における従業員持株制度

日本証券業協会の「持株制度ガイドライン」では，従業員持株制度を「従業員持株会等の組織において，金銭を拠出し会社の株式を取得する仕組み」と定義しているが，従業員持株会を通じて，従業員が自社株式取得にあたり，会社が拠出金の給与控除，奨励金の支給などの種々の便益を与えることにより，従業員による自社株取得を容易にするとともに，財産形成を助成する制度を指す。

日本における従業員持株制度は，1964年の日本のOECD加盟から始まる資本の自由化を契機として，外国資本による日本企業買収を阻止するための一つの方策として位置づけられ，発展してきた歴史がある。つまり，当初は安定株主政策としての側面が強かった14)。

東京証券取引所の調べによれば[15]，2019年３月末現在の東京証券取引所上場内国会社3,658社のうち，特定５社のいずれかと事務委託契約を締結している従業員持株制度を有するのは，3,206社である。調査対象会社の従業員持株会が保有する株式の時価総額は，５兆6,319億円であり，調査対象会社全体の時価総額（586兆8,360億円）に占める割合は，0.96％と１％を切っている。従業員持株会の加入者１人当たりの平均保有金額は，197.7万円で，加入者１人当たりの平均保有単元数は，10.46単元であった。奨励金については，調査対象会社全体の96.6％にあたる3,097社において支給されている。このような現状は，少なくとも安定株主政策としては，機能していないと考えられる。では，従業員持株会の意義は現実にはどこにあるのだろうか。

大湾・加藤・宮島の研究は[16]，①従業員持株会への参加が生産性に対して，平均では正の効果を持つこと，②従業員持株会が生産性に対する効果の経路は主として，１人あたり保有金額の増大を通じてであること，③機関投資家保有比率や海外投資家保有比率が高い企業ほど従業員持株会の生産性に与える影響は大きいことであり，③は従業員のコミットメントと株主のモニタリングが補完性を持つことを示唆するとしている。

４　ドイツにおける従業員資本参加制度

ドイツにおいては，株式会社が少なく，名前の知れている大企業でも有限会社であるために，「従業員資本参加制度」として，従業員が勤務先の企業の株式や持分を取得する制度を議論の対象とすることが必要である。従業員のためのこの制度は，1961年の財産形成法により導入され，2009年の従業員資本参加法を経て，法制化されてきた。この制度は，株式会社，有限会社のみならず，すべての会社形態とその従業員が対象となっている。360ユーロの所得税の控除が適用される[17]。

株式会社が従業員に対して提供する株式は，「従業員株式」と呼ばれ，企業が一定期間の申込み期間を設定し，市場価格から最大30％程度の割引で従業員に株式を提供する制度である。従業員が保管機関を指定して個別に管理するケース，企業が指定する保管機関で一括して管理するケースがある。

ドイツにおける従業員資本参加制度の現状は，上場企業の従業員の７人に１人，すなわち110万人しか，従業員資本参加制度に参加しておらず，中小企業においても同様な傾向がある。DAX 30の会社の約半分しか従業員資本参加制度を提供しておらず，中小企業でも約3,500の制度があるだけであり，ドイツにおいては，従業員資本参加制度はそれほど盛んに行われているわけではない[18)]。

5　中国における従業員持株制度

中国における従業員持株制度は[19)]，1989年頃から導入され始めたが，証券取引所の開設とともに，多くの従業員持株制度をめぐる問題点が生まれ，1994年から2004年の間の一連の法規・行政規定により，新規上場企業の従業員持株制度は禁止されていた。2014年に，証監会が「上場会社における従業員持株計画の施行についての指導意見」を発表して，上場企業における従業員持株計画（いわゆる中国版ESOP）が導入された。

この従業員持株計画は，導入企業が従業員持株会を設立して，一括で対象株式を取得する。そして，証券会社などの資産管理機関に従業員持株会の運営を委託する形をとる。運用期間は２年から10年等に設定されている。2017年深圳証券取引所2,000社弱のうち，従業員持株制度を導入している会社は418社であったが，その後，さらに，増加している。従業員持株制度が，離職率の低下などに結びついていくのかが重要な焦点である[20)]。なお，近年，華為（HUAWEI）の従業員持株制度が注目を集め，同社の従業員持株制度については研究が進みつつある。

第４節　内部通報制度確立の重要性

1　不正のトライアングル理論

企業統治における重要な課題の一つは様々な不正行為を防止することにある

のは，第Ⅰ部第1章に述べられた通りである。ここでは，まず，クレッシー（Donald R. Cressey）の「不正のトライアングル（Fraud Triangle）」理論を再述して，不正防止に関する議論をはじめたい[21]。クレッシーは，もともと横領の問題を検討していたが，現在では，それが不正一般の問題に拡大されて議論されている。この理論は，不正が発生するには，①機会，②動機，③正当化，これらの3つの要素のいずれかの要素だけでは不正に至らず，すべての要素が揃ったときに，不正が発生するものととらえる。そして，これらの3つの要素のどれか一つを排除することで不正を防止できるとするものである。

では，それぞれの要素について，簡単に見よう。①「機会」とは，不正行為の実行を可能にする，あるいは容易にする客観的環境を指す。例えば，横領の場合，一人の担当者に，現金などの金融資産を扱う権限が集中していて，担当者の上司が十分に監督していないような状況が考えられる。この場合，担当者は現金を盗んでも，隠蔽することが比較的簡単にできよう。②「動機」とは，不正行為を実行しようと欲する主観的な事情を指す。例として，多額の借金の返済の必要性などの個人的な金銭上の問題を抱えている状況などが考えられる。③「正当化」とは，不正行為の実行を積極的に肯定する主観的事情を指す。一時的に会社のお金を借りているだけであり，いずれ返すのだから問題ない，といった論理が考えられる。②動機と③正当化は主観的なもので個人的な側面が強いので，不正防止の議論に際しては，組織的な対応として，①機会の存在をできる限り，削減するのが肝心であると考えられる。

日本における消費者庁による「平成28年度民間事業者における内部通報制度の実態調査」によれば，「不正発見の経緯」（複数回答）は，「内部通報」が58.8%，「内部監査」が37.6%，「上司による日常的なチェック」は31.5%，「取引先や一般ユーザーからの情報」が11.4%，「従業員に対するアンケート調査」が8.8%，「外部監査」が7.2%，「偶然」が6.5%，「行政機関による調査」が5.8%，「その他」が7.4%となっており，第1位の内部通報が第2位の内部監査の1.5倍強となっている。すでに見たような不正のトライアングル理論から考えれば，このことは驚くに当たらない。不正行為を実行しようとする当事者は，当該業務に関する内部監査や上司のチェックについて熟知しており，隠蔽することができる可能性が高いと判断したからこそ，不正行為に及ぶからである。

2　内部通報制度の法制化と現状

内部通報制度の存在は，一人一人の従業員に重要な役割を認識させ，企業統治への関与を直接的・間接的に可能にさせるものであると考えられる。

企業統治の観点からみると，アメリカのサーベンス・オクスリー法（SOX法）が，証券取引を行う企業の被用者を対象に，対象とする事実が広範囲に及ぶこともあり，包括的な告発者保護制度が整備される大きなきっかけとなったとされる（公的部門における内部告発者の保護は1989年の内部告発者保護法（The Whistleblower Protection Act of 1989）により法制化されていた）。

そして，その後の2010年に制定されたドッド＝フランク法では，報奨金制度が導入された。SOX法では，SEC登録会社の監査委員会に対して，内部告発に関する手続きの策定を要求しており（301条「監査委員会の責任，独立性，従業員から会計をめぐる不満を受け付ける手続きの確立，アドバイザーなどを雇う権利等」），その実効性を高めるために，内部告発者に対する不利益処分禁止などの救済規定をおいている（806条「内部告発者の保護」ほか）。ドッド＝フランク法では，不利益処分禁止の規定を充実させ，内部告発者報奨金プログラムを導入することで，その実効性の強化をはかっている。アメリカにおける内部告発者保護の効果については，現在も，なお，多くの議論が行われてきている。

日本でも，SOX法などの影響もあり，事業者の法令遵守を推進し，国民の安全・安心を確保することを目的として，①事業者内部の違法行為について通報を行った労働者に対する解雇等の不利益取り扱いの禁止，②公益通報に関し事業者等がとるべき措置等を定めた「公益通報者保護法」が2004年に発布，2006年に施行された。所定の要件に該当する通報を行った公益通報者は，その通報を行ったことを理由とする①解雇の無効，②不利益取り扱いの禁止，③労働派遣契約の解除の無効，の保護を受ける。しかしながら，公益通報者保護法施行後も不正行為が散見されることは重い事実である。

消費者庁による「平成28年度民間事業者における内部通報制度の実態調査」によれば，「内部通報制度の導入状況」は，「導入している」事業者は全体の46.3％，「検討中」は13.2％，「導入予定なし」は39.2％にものぼった。「導入したが廃止した」は0.1％（２事業者）であった。これを従業員数別で見ると，従業員数が多い事業者ほど，内部通報制度を「導入している」割合が高い。従業員数3,000人を超える事業者ではほぼ完全に導入されている（99.2％）一方で，従業員数が50人以下では，「導入している」が１割に満たず（9.3％），今後も「導入する予定なし」とする事業者は７割を超えている（73.7％）。

「内部通報制度を導入した結果」（複数回答）では，「違法行為への抑止力として機能」が49.4％，「自浄作用による違法行為の是正機会の拡充および従業員が安心して通報できる環境整備」が43.3％，「内部規程に基づく適切な通報対応の確保」が30.4％，「株主や取引先等に対するアピール」が24.2％であった。「内部通報制度の実効性を向上させるために必要な措置」（複数回答）では，第１位に「秘密保持が徹底され，匿名性が確実に守られること」で44.2％，第２位が「法の趣旨や内容を経営幹部や従業員が十分に理解していること」で30.6％，第３位が「保護される通報者の範囲を労働者だけでなく，退職者や役員等にも広げること」で21.2％と続いた。

このような状況下で，2019年２月より，内部通報制度に関する認証制度が，公益社団法人商事法務研究会を指定登録機関として始まったが，より実効性のある制度へと整備されていくことが望まれる。

おわりに

本章では，G20／OECDコーポレート・ガバナンス原則に取り上げられている従業員の企業統治に関わる問題を中心に見てきた。結論は再び，コーポレート・ガバナンス原則に戻る。「従業員がどの程度コーポレート・ガバナンスに参加するかは，各国の法律や慣行によって決まるものであり」，企業価値を高めるための人的資本投資を推進したり，不正行為を未然に防ぐための取り組みに応じて，「会社ごとに異なるものでもあろう」。

〔注〕

1） OECD（2015），*G20／OECD Principles of Corporate Governance*，OECD Publishing, Paris，p.35.（OECD（2016），『G20／OECDコーポレート・ガバナンス原則』，38ページ。）
2） OECD（2007），*OECD Insight Human Capital : How what you know shapes your life*，OECD.
3） URL https://www.sec.gov/news/press-release/2020-192.
4） 星岳雄（2002）「日本型コーポレート・ガバナンス」『経済研究』vol.53 No.4，岩波書店，289－304ページ。
5） 北川章臣（2019）「コーポレート・ガバナンス構造の変化と人的資本投資」『経済分析』第199号，内閣府経済社会総合研究所，５－41ページ。
6） 岩井克人（2003）『会社はこれからどうなるのか』平凡社。
7） ここでは，少し古いが，吉森賢（2001）『日米欧の企業経営』放送大学教育振興会，第11章および第13章をあげておこう。
8） 例えば，陳浩（2011）「ドイツのコーポレート・ガバナンスの変容と監査役会改革の課題」『立命館国際研究』24－２，241－268ページ。
9） 董光哲（2017）『中国の上場会社と大株主の影響力―構造と実態―』文眞堂，第２章。
10） Financial Reporting Council（2018），*The UK Corporate Governance Code*，pp.4－5，およびDepartment for Business，Energy & Industrial Strategy（2017），*Corporate Governance Reform : The Government response to the green paper consultation*，pp.26－27.
11） 2010年４月から2012年８月までの法制審議会会社法制部会では，「会社法制の見直しに関する中間試案」の段階で取り上げられず，現在に至っている。従業員選定監査役については，第２回会議議事録（2010年５月26日）における議論を参照のこと（http://www.moj.go.jp/content/000049083.pdf）。
12） Scott Corfe and James Kirup（2020），*Strengthening employee share ownership in the UK*，Social Market Foundation，p.6，pp.15－17，p.27.
13） 細川淳（2013）「ユナイテッド航空：米国ESOP最悪の失敗事例」『21世紀社会デザイン研究』No.12，立教大学，119－128ページおよび，一ノ宮士郎（2004）「企業の再生と挫折」『経済経営研究』Vol.24－２，日本政策投資銀行設備投資研究所。
14） 永野周志（2004）「従業員持株制度とコーポレート・ガバナンス」稲上毅・森淳二郎編『コーポレート・ガバナンスと従業員』東洋経済新報社，第７章，および小佐野広（2005）『コーポレートガバナンスと人的資本』日本経済新聞社，第６章。
15） 東京証券取引所（2019）「2018年度従業員持株会状況調査結果の概要について」。
16） 大湾秀雄・加藤隆夫・宮島英昭（2017）「従業員持株会は機能するか？」宮島英昭編著『企業統治と成長戦略』東洋経済新報社，第３章。

17)　増田正勝（2017）「ドイツの従業員資本参加法と経営パートナーシャフト」『広島経済大学創立五十周年記念論文集』上巻，357－387ページ。

18)　https://www.glasslewis.com/german-companies-call-greater-employee-participation/ より。

19)　張智夫（2019）「従業員持株制度：会社法上の問題点を中心に」No. 59，慶應義塾大学大学院法学研究科論文集，慶應義塾大学法学研究会，49－99ページ。

20)　塩島晋（2020）「中国における従業員持株制度の拡大」『野村資本クォータリー』春号，145－156ページ。

21)　クレッシーの不正のトライアングル理論の受容については，例えば，田中智徳（2016）「不正リスクに関する新たなモデルの提唱Ⅰ」『産業経済研究所紀要』第26号，中部大学産業経済研究所，61－76ページに詳しい。また，第Ⅱ部第１章も参照。

〔用語解説〕

共同決定制度

労働者代表が資本家代表とともに，企業の意思決定に参加する仕組みで，事業所レベルと企業レベルで行われる。企業統治では企業の最高意思決定機関に労働者代表が参加する制度に焦点を当てる。

従業員持株制度

企業が従業員に特別の便宜を与えて，自社株を取得させる制度。様々な手段が存在するが，従業員の財産形成，帰属意識の向上，安定株主としての役割などが期待される。

内部通報制度

企業や団体などの組織において，上司を通じるなどの通常の方法で報告できないときに，対応できる専用の窓口に通報し，組織内で適切に処理するための仕組み。

第3章　企業統治と株主・投資家関係

はじめに

今日の企業は，より良い経営を行うことが強く求められる。それは単に利益を獲得するという意味での経済性の問題だけでなく，適法性や倫理性の観点からルールを守った事業活動や経営が行われているか，また，企業情報の開示や多様な人々との関係構築など社会性についての要求もあり，これらを高い水準でバランスよく求められるようになっている。

今日の企業活動は，株式会社を中心に行われている。株式会社は株式を発行することによって出資を募り，これによって集められた資本金を信用の基礎として各種借り入れを行い，これらの資本を利用して経済事業（商品やサービスの生産・販売）を行うことで利益を上げることを目的とした会社である1)。株式とは，株式会社における出資者である株主の地位を細分化して割合的地位の形にしたものであり，この仕組みによって多くの人々が株式会社に参加できるようになっている。この意味では，株主とは，株式会社の所有者であり，株式会社の株式を取得することを通じて会社に資本を提供し，その資本は企業活動に必要不可欠な資金となる。

株式会社は広く一般から資金を集めることを可能にし，幅広い社会階層から有能な人材を登用し，その人物（いわゆる経営者）に経営をゆだねることができる仕組みである。だからこそ多くの企業がこの制度を利用して，活動しているわけである。しかし，多くの人々から資金を集め，経営を他人にゆだねることができる仕組みであるからこそ発生する問題もある。例えば，企業不祥事の発生や経営方針をめぐる大株主と経営者の対立により，企業価値を損ねる事態が発生することも見られる。こうした企業価値を損ねる状況を回避するためには，適切に企業経営が行われているかどうかをチェックする仕組みについて考える必要がある。この仕組みがコーポレートガバナンスであり，本章では，日本の企業統治改革の流れを，とくに株主と企業（経営者）との関係に焦点をあてて整理し，考察する。

第１節　株主と経営者の関係

株式会社は，法律上，出資者である株主によって所有され，また，支配される仕組みをもつ。ここでいう支配とは，「経営者を任免する力，または会社の広範な意思決定を行う力」[2)]のことをいう。ただし，「企業は誰のものか」あるいは「企業の主権者は誰か」という問いに対しては，「株主である」「従業員である」あるいは「株主・従業員をはじめとする利害関係者である」など対立した見方が存在する。

例えば，伊丹・加護野（2003）では，「企業という経済組織体は，カネの結合体でもあり，ヒトの結合体でもある」[3)]としている。ここでいうカネの結合体の中核は，「逃げない資本」（資本金には，返済期限がないため，会社の外へ出ていかないという意味で）を提供する株主であり，ヒトの結合体の中核は，企業にコミットして「逃げない労働」を提供しているコア従業員であると指摘する。その理由として挙げられているのは，株主もコア従業員も次の２つの要件を満たしているからだという。一つ目は，その企業が生まれるのに不可欠な資源を提供していること。二つ目は，その企業の事業の盛衰によって最も大きなリスクを被り，コミットしていること，である。これらの条件を満たし，「逃げない」資源を提供しているのが，株主とコア従業員であり，それらが提供する株主資本と労働サービスがなければ，そもそも企業という存在が生まれ得ないことは当然のことである。このように考えると，株式会社にとっては，株主もコア従業員もともに重要な存在である。

また，上述のように考えると，株式会社の主権者として株主と従業員のどちらがメインの存在かということも重要な問題になる。法律上は，資本の提供者である株主が主権者と考えられている。しかし，本章では，この株式会社の主権者として相応しいのは誰かという問題には立ち入らず，株式会社と株主の関係とそれに基づくコーポレートガバナンスの問題を考えていきたい。

1　株主の種類と目的

一般に株主といっても，大きく2つの種類に区分することができる。それは個人投資家と機関投資家である。個人投資家とは，個人で投資を行う人々のことをいい，証券会社などを通じて株式会社の株式を購入し，保有することになる。また，個人が投資信託などの購入をしたり，年金基金へ加入することなどにより，間接的に株式を保有する場合もある。

機関投資家は，銀行や保険会社，証券会社などが企業として投資を行う場合をいう。投資のための資金を広く一般から集め投資活動を行うことから，個人投資家に比べ投資資金の取扱量は非常に大きくなり，その行動が株価へ与える影響も大きくなるし，この資金が適正に運用されなければ，つまり企業経営がうまくいき，企業の価値が高まっていくような状況が維持されなければ，市民の資産が守られないことにもなってしまう。

株主が株式を保有する目的は，次のものが挙げられる。第一は，株式の取得を通じた経済的な利益の獲得である。株式の購入・保有を通じて獲得できる利益は，購入した株式の価格上昇による利益（キャピタル・ゲイン）と，会社による株主還元（配当の支払いや自社株取得などのペイアウト）による利益（インカム・ゲイン）である。

もう一つの目的は，会社支配権の獲得である。これは会社の経営に参与することを目的とするもので，株主総会における議決権がその中心である。この権利は，株式の保有割合によって行使できる権利の影響力が異なる。そのため，多くの株式を保有することを通じて，会社の支配権を獲得するという目的がある。

2　所有と経営の分離

株式会社とは本来，資本を提供する株主が会社を支配し，その事業活動の結果として得られる利益を受け取る仕組みである。実際，株式会社であっても多くの場合，創業直後であったり，会社の規模が小さい状況では，事業資金を自ら出資し株主となった創業者が直接企業を経営することになる。この場合，会社の所有者と経営者は同一であることになり，所有者と経営者の対立の問題は生じない[4)]。

このように，株式を所有するもの（株主）と会社を経営するものが結びついているとき「所有と経営の一致」あるいは「所有の支配の一致」という。

しかし，会社の規模が大きくなり事業活動が拡大し，経営管理が複雑になってくると，専門的な知識やスキルを持った専門経営者の存在が必要になってくる。創業者一族の中で経営者としての知識やスキルを持つものがいればよいが，そうでない場合，大株主としての創業者または創業者一族は経営から距離を置くようになり，それに代わって専門経営者が経営を担うようになる。これが「所有と経営の分離」といわれる状況である。

会社が活動を拡大するためには，大量の資本が必要になる。その資本の獲得のため上場会社では新株を大量に発行（増資）し，株式市場を通じて広く社会に行き渡らせることで多くの投資家から資金を集めることになる。これが株主数の増加や株式の地理的な分散化につながる。

株式会社では，保有株式数に応じて会社の経営に参加する権利（議決権）が認められている。したがって，株式の発行にともなう分散化の進展は，大株主の持株比率の低下につながり，一株あたりの影響力が小さくなる（＝希薄化）状況が進展する。株主が議決権を行使する場は株主総会である。株主数の増加や地理的な分散化は，株主総会への株主の参加率を低下させる可能性を高める。一方，経営者は，株主総会に参加しない株主から委任状を集め，自ら株主にならなくても議決権を確保することができるようになる。

このような支配的な大株主の持株比率の低下が，会社支配のあり方に大きな影響をもたらすと主張したのが，A. A. バーリとG. C. ミーンズである。彼らは『近代株式会社と私有財産』（1932）のなかで，1929年時点の米国企業の上位200社の分析を行なった。そこでは企業が巨大化していくなかで株式所有の分散化が進んでいること，それにともない多くの企業で株主が会社に対する実質的な支配権を失っていること，その結果支配権が経営者の手に握られるようになっていることを指摘した。これが「所有と支配の分離」である。

この「所有と支配の分離」が生じている企業では，株主は法的には所有者としての地位を確保していることになるが，投資した資金に対する収益を受け取る地位を確保しているに過ぎない受動的な存在になる。こうした状況下では，株主が企業経営に及ぼしていた監視の機能が働かなくなり，経営者が実質的な支配者の地位に立つようになる。そして1929年時点で，44％の企業が経営者支配の状態にあることを指摘し，この「所有と支配の分離」の状況がかなり進展していることを明らかにした。

3　エージェンシー問題

所有と支配が一致している場合，所有者である株主が直接会社を経営するか，株主のコントロールのもとで経営者が会社の経営を行うことになる。会社経営の努力やその成果は，株主としての自身の資産価値に直接結びつく。そのため，株主の目的や期待に沿った事業運営がなされる可能性が高い。しかし，「所有と支配の分離」が進んでいる状況では，経営者の努力が，経営者自身の資産価値の増加に直接結びつくわけではない。また，経営のプロである専門経営者は株主よりも遥かに会社のことについて精通しており，必ずしも株主のために行動するとは限らず，むしろ株主の利益と相反する行動をとる可能性が出てくる。これをエージェンシー問題という。

先述したとおり，法律上株式会社の所有者は株主である。事業が大規模化し，複雑化している企業では，株主は専門的な経営者を選任し，企業経営を任せることになる。この時，経営者は株主の代理人（エージェント）という位置付けになる。また，株主はエージェントである経営者に会社経営を委託する依頼人（プリンシパル）である。このため，エージェンシー問題はプリンシパル・エージェント問題とも呼ばれる。

プリンシパルである株主とエージェントとしての経営者との目的は必ずしも

一致しない。株主にとっては，自身の資産の経済的価値（株価の上昇や配当の増額など）が高まることが関心の対象となる。一方，経営者にとっては，自分自身の満足度を高めること（例えば，豪華な社長室や名声の獲得など）が関心の対象となる可能性がある。

こうした経営者と株主の間のエージェンシー問題は，エージェントである経営者とプリンシパルである出資者（株主）との間の情報の非対称性が大きく関係している。つまり，経営者は専門的な知識を持ち，会社内部の情報にも精通している一方で，会社外部にいる株主はこのような知識や情報を持たないため，利用できる情報に大きな差が生じてしまう。このような状況のもとでは，経営者がこの情報の格差を利用して経営者自身の利益のために行動することも可能になる。このように，経営者が情報の非対称性を利用してそこから私的利益を獲得する行動を取ることをモラルハザードという5)。このモラルハザードを抑制し，効率的に経営をさせるために，経営者を統治する必要が出てくる。このとき，株主と経営者の間の「目的（利害）の不一致」と「情報の非対称性」をいかに解消するかが問題となる。

4　エージェンシー問題への対応

前述したエージェンシー問題のうち，経営者と株主の情報の非対称性を解消するための方法は，会計制度などをはじめとした各種の情報開示の問題となるだろう。一方，目的（利害）を一致させる方法については，以下の２つが指摘されている6)。

①　株主と経営者との利害を一致させるために，株主が何らかの制度を利用して経営者をモニタリングし統治する方法（モニタリング・システム）。

②　株主と経営者との利害を一致させるために，株主が何らかの制度を利用して経営者を所有経営者化する形でインセンティブを与え，経営者に自己統治させる方法（インセンティブ・システム）。

まず，①のモニタリング（監視）についてみていきたい。この場合は，２つのアプローチが考えられる。一つは，組織的なアプローチで，取締役会に社外取締役（独立取締役）を送り込み，定期的に企業経営を監視することを通じて，経営者に規律を与える仕組みである。ここでいう独立取締役とは，取締役である以外に会社と利害関係を持たない取締役のことをいう。取締役会における独立取締役の割合が増えることで経営者に対する発言力・影響力も大きくなると考えられ，モニタリングや規律付けの効果も高まると期待される。

もう一つのアプローチは，株式市場を通じた株主の態度の表明である。企業の経営に不満を持つ株主は，保有株式を売却することを通じて経営者に自身の不満を表明することができる。多くの株主がその企業の株式を売却すれば，株価は低迷する。株価が下がると株式を発行する資金調達は難しくなる。また，株価の低下は信用力の低下にもつながる。そうなると銀行などから資金を借りることも難しくなる。このような状況は，経営者に対するプレッシャーとなるだろう。このような株主の行動をウォールストリート・ルールという。株式の売却を通じて経営者へ不満を伝える行動である。

このような株主の行動によって株価が低迷してもなお，経営者が行動をたださず，株価がさらに低迷する状況ではどうなるだろうか。その場合では，株式時価総額が企業の資産価値の時価総額よりも低くなり，実際の市場価値よりもかなり割安な株価の企業となるため，敵対的な買収の対象となる脅威にさらされる。仮に，買収されてしまうと新たな株主が中心となり，株主総会が開催され，現在の経営陣は退陣させられることになるだろう。敵対的な買収というと，会社を乗っ取るというマイナスのイメージが強い。しかし，適切な経営を行うことができる経営陣に経営を任せる，または敵対的な買収の対象にならないように経営する意識を高めるという観点からは，経営者を規律付け，効率的な経営を行うようにする仕組みとして有効であると考えることもできる。

続いて，②のインセンティブ・システムについてみていきたい。こちらは，株主と経営者の利害を一致させるために何らかの方法を用いて自己統治させる方法である。一般的には，インセンティブ報酬の導入であり，それによって経営者の報酬と株主の利益を連動させ，経営者が株主の利益をできるだけ大きくする行動をとるように誘導する仕組みである。このインセンティブ報酬としてよく知られているのがストック・オプション（自社株購入の選択権）制度である。これは，あらかじめ決めておいた価格で，一定数の自社株を購入できる権利を報酬として与える仕組みである。購入額は一定額なので，株価が上昇すればするほど割安な金額で株式を取得できることになるため，付与された人に対して株価を高めることを意識した行動を行うよう動機づけすることができる。このほかにも業績連動型の報酬なども同様の効果を持つものと考えられる。

また，大株主の存在も，経営者の行動に影響する。大株主であれば，自分自身の財産（保有株式）が会社の経営状態によって大きく影響を受けることになるため，経営者をモニタリングする合理的な理由がある。さらに大株主であれば，大きな議決権を持つことになり，その権利を行使することによって経営者に働きかけ，経営をただすこともできる。このような意味で，大株主が存在することはエージェンシー問題を減少させることにつながる。

一方，株式の分散化が進み，大株主が存在していないような企業の場合はどうだろう。この場合は，個々の株主がそれぞれの時間を使い，費用をかけて投資先の企業の経営をモニタリングするだろうか。仮にごく一部の株主が自分の財産のためにモニタリングしたとしても，そのことによって得られる効果のほとんどは，自分以外の株主が受け取ることになるだろう。このため，ほとんどの株主は自分自身では経営者に対するモニタリングを行わず，ほかの株主に任せよう（これをフリーライドという）とするだろう。このため，株式の分散化が進んだ企業では，どの株主も進んで経営者をモニタリングしようとはしない状況が発生してしまう。これが株主のフリーライダー問題であり，経営者へのモニタリングが機能せず，エージェンシー問題が解決しない原因となる。

第２節　株主行動の変化と日本企業の対応

それでは，どのような人々が日本企業の株主となっているのであろうか。それを確認するため，日本の上場企業全体の株式所有構造の変化を見ていきたい。ここでは，投資主体別の持ち株比率の変化が示されている。

１　日本における株式所有構造の変化

第２次大戦以降，財閥解体が行われ，財閥の持ち株会社が保有していた傘下企業の株式は，大量に市場に放出されることになった。その多くは個人投資家に引き受けられ，50年代から60年代にかけて，個人が保有する割合が高水準で推移した。

図表３－１　主要投資部門別株式保有比率の推移

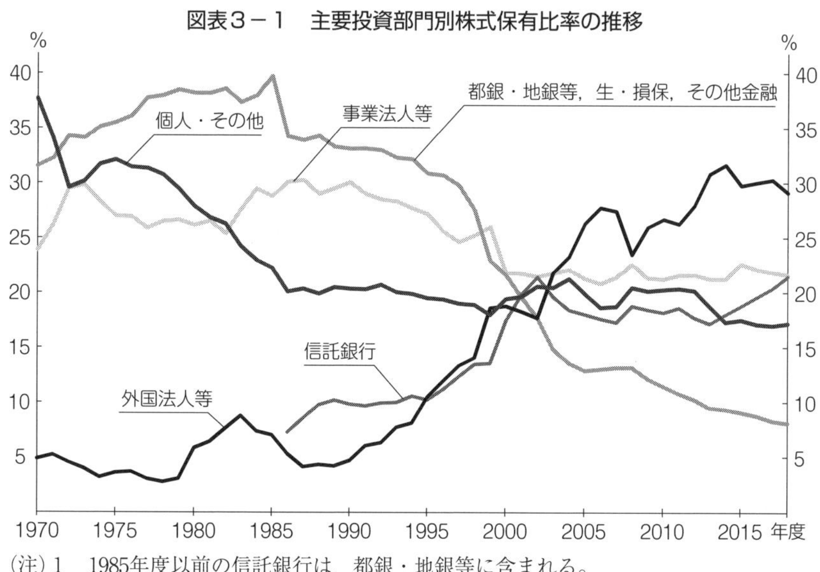

（注）１　1985年度以前の信託銀行は，都銀・地銀等に含まれる。
　　２　2004年度から2009年度まではJASDAQ証券取引所上場会社分を含み，2010年度以降は大阪証券取引所または東京証券取引所におけるJASDAQ市場分として含む。
（出所）　東京証券取引所『2019年度株式分布状況調査の調査結果について』５ページ。

その後，1960年代後半から資本の自由化が行われる。海外企業や海外投資家による日本企業への資本参加や買収などが危惧されるようになり，銀行をはじめとする金融機関や取引先企業に株式を保有してもらい，安定株主を増加させる動きが目立つようになる。図表３－１からわかるように，特に銀行等の金融機関は，70年代から90年代の半ばまで30％を超える高水準で推移した。また，事業法人（取引先企業など）1970年代以降，90年代後半まで20％台後半を超える水準で推移した。

この金融機関や事業法人による株式保有は，同じ企業集団に属していたり取引関係にあったりする企業同士がお互いに株式を保有しあう形で進められ，「株式持ち合い」の状況が進展することにつながった。

株式持ち合いの状況では，互いが保有する株式が第三者に売却されることはなく，長期保有されることが前提となる。また，持ち合い関係にある企業同士は，互いに株主となっているが，取締役の任免権のような株主権を行使する意思を持たず，「サイレント・パートナー」として相手企業の経営者に協力的な行動をとる[7)]。というのも，致命的な状況でもない限り，株主として他企業の経営に介入することは互いの信頼関係に悪影響を及ぼすと考えられているからである。そのため，持ち合い株主は相手企業の経営者を支持する立場をとることになるだろう。このような敵対的な買収に対する方策として，また，長期の取引関係の維持を目的とした株式の持ち合いは，日本企業の株式所有構造の特徴としてみなされるようになった。

ところが，この相互持ち合い関係は1990年代の半ば以降，急速に解消されていくことになる。この原因はおもに金融機関の持ち株比率の低下にある。とくに都銀・地銀の持ち株比率の低下が顕著であった。これらの持ち株比率は1985年の20.9％から，1995年には15.1％，2000年には10.1％と減少した。これは，バブルの崩壊以降，長期的に景気が低迷していく中で，銀行が不良債権を処理しながら自己資本比率を高め，さらに利益率を高めることを求められるようになっていたからである。そのため，銀行の保有資産のなかでも採算性の悪い株式を売却の対象とせざるを得ない状況になっていた。これが持ち合いの解消を進めることにつながった。近年では，都銀・地銀等の持ち株比率は３％ほどにまで低下し，生保・損保などを合わせても７～８％程度に過ぎない。

これに対して，近年増加しているのは信託業務を行う信託銀行と外国法人等である。特に外国法人等は90年代半ばまでは10％以下で推移していたが，それ以降一貫して増加傾向を示しており，2010年代以降は30％前後で推移している。これは米国を中心とする企業年金や企業再生ファンド，買収ファンドなどが日本企業を投資対象とする動きが加速したためである。

2　株式所有構造の変化の影響とコーポレートガバナンス改革

このような株式所有構造の変化は，企業経営を外部からチェックする仕組みの在り方に影響を及ぼすと考えられる。前述したように，60年代後半からの資本自由化の流れは，日本企業の株式持ち合いを進展させることにつながった。銀行を中心とする企業グループが形成され，グループ内企業は相互に株式を保有し，安定株主となった。それ自体は，企業の長期的で安定的な取引関係の維持や敵対的買収から企業を守ることにつながったが，前述したように株主の視点での経営を監視する機能はほとんど期待できなかった。また，相互持合いは第三者へ株式を売却しないことを前提としているため，株式売却を通じた株主としての意思表示，つまり，市場を通じた株主による経営者へのけん制の効果も期待できない状況であった。

この状況で，企業や経営者を外部からチェック，コントロールする仕組みとして挙げられているのが，日本の金融システムの特徴との一つとしてよく取り上げられるメインバンク・システムである[8)]。メインバンク・システムとは，一般的に，取引銀行のなかで最も多くの融資を受けており，株主でもあり，かつ役員を派遣するなど，資本的・人的にも密接な関係を持つ銀行（これをメインバンクという）を中心とした銀行と企業との間の長期的・固定的な取引関係のことをいう。

このメインバンクは，融資先の企業に対して単なる資金的な関係だけでなく，人的関係をも含む継続的で密接な関係を持っているため，監視の費用を抑えながら多くの情報を獲得できるようになり，企業をチェック・コントロールする役割を担っていたと考えられている。また，融資先の企業が経営危機におちいった際にも再建を手助けすることも行った。株主であり，最大の債権者であるメインバンクは，投資家として企業をチェックするインセンティブを十分持っていたと考えられよう。そのため，ほかの持ち合い企業が株主としてチェック機能をはたしていなくても，メインバンクがその役割をまとめて引き受けていたものと思われる。

しかし，こうした銀行と企業との関係は，1990年代以降大きく変わってくるようになった。その理由としては，２つのことが指摘されている[9)]。第１の理由は，1980年代半ば以降の金融の自由化・国際化である。これによって大企業を中心に国内外の資本市場において増資や社債の発行などによる資金調達が活発に行われるようになり，銀行借入依存からの脱却が進むようになったことである。第２には銀行自身の不良債権処理，BIS規制による自己資本比率の規制，収益性の向上などが課題となり，株式持ち合いの解消が進んだ。これに伴い，メインバンク・システムによる企業経営のチェックの機能も弱まってきたと考えられよう。

このメインバンクに代わって株主としての影響力が高まっているのが機関投資家と海外投資家である。とくに海外投資家は，日本の企業統治の不透明さとその機能の弱さを強く批判し，株主の視点からの企業経営の監視を強めるよう求めるようになった。また，この時期にはバブル崩壊後の長期的な景気の低迷，企業不祥事の多発などもあり，企業経営の公正性や効率性を正しくチェックする仕組みの欠如が問題視されるようにもなっていた。

このころから株主主権が強く意識された企業統治改革が日本においても進められていくことになる。株主主権とは，株式会社の主権者は株主であるとする考え方である。その始まりは，1993年の商法改正に見られる。このとき大会社に社外監査役および監査役会が導入されることになり，また監査役の任期が２年から３年に延長された。さらに2001年の商法改正では，監査役の機能のより一層の強化がなされ，社外監査役の増員，社外性要件の強化，取締役会への出席の義務化などが行われた。つづく2002年の商法改正では，法的なレベルにおいて，はじめて社外取締役の義務化が実現し[10)]，委員会等設置会社の設立が認められた。これは，社外取締役が過半数を占める監査委員会・報酬委員会・指名委員会を取締役会内に設置し，経営を監督することを認めるもので，アメリカやイギリスの取締役会制度に近いものである[11)]。しかし，従来型の日本企業の制度である監査役を置く監査役設置会社も併存され，どちらかを選択することになった。

また，2001年には，企業年金に関する業務を運営する厚生年金基金連合会

（現：企業年金連合会）が，コーポレート・ガバナンスの実効性を高める目的で『株主議決権行使実務ガイドライン』を公表している。さらに2007年には『コーポレート・ガバナンス原則』を公表し，この原則に則って保有する全銘柄について議決権を行使し，企業に対して長期的に株主価値を最大限尊重する経営を行うよう求めるとした[12)]。

2006年には会社法が施行され，委員会等設置会社は委員会設置会社と名称変更がなされた。翌2007年にはアメリカのサーベンス＝オクスリー法（企業改革法）を参考にした金融商品取引法（J-SOX法）が施行され，内部統制の確立が求められるようになった。2009年には東京証券取引所が株主の保護を目的とした独立役員（社外取締役または社外監査役）を１名以上選任することを求めるようになった。2015年には会社法が改正され，委員会設置会社は指名委員会等設置会社と変更され，新たに監査等委員会設置会社が創設され，この制度の選択が認められるようになった。

このように，1990年代以降，主に法整備により，英米型の統治システムの導入と社外役員の導入という面から日本のコーポレート・ガバナンスの仕組みは強化されてきた。さらに，近年の日本におけるコーポレート・ガバナンス改革の重要な動きとして挙げられるのは，2014年の金融庁によるスチュワードシップ・コードの公表と2015年の東京証券取引所によるコーポレートガバナンス・コードの適用開始である。これら２つのコードは，従来の会社法等による規制，つまり法令や規則による強制的な仕組み（ハードロー）ではなく，ソフトロー，つまり，法的な拘束力はないがそれに準ずる規範として示され，違反すると社会的・経済的・道義的に不利益を被ることになり，自主的な順守が求められることになる。両コードとも「コンプライ・オア・エクスプレイ」が求められており，規範に従う（コンプライ）か，そうでなければその理由を説明する（エクスプレイン）必要がある。また，どちらも大まかな原則のもとで，自律的な行動を求める原則主義（プリンシプルベース）という共通点を持っている。この二つのコードについてみていきたい。

まず，スチュワードシップ・コードであるが，機関投資家（財産を受託したもの）がその責任を果たすためにとるべき行動原則を表したものである。またその目的は，「スチュワードシップ責任」とは，機関投資家が，投資先の日本企業やその事業環境等に関する深い理解に基づく建設的な「目的を持った対話」（エンゲージメント）などを通じて，当該企業の企業価値の向上や持続的成長を促すことにより，顧客・受益者と投資先企業の双方を視野に入れ，「責任ある機関投資家」として当該「スチュワードシップ責任」を果たすにあたり有用と考える諸原則をまとめるもの13）としている。また，スチュワードシップ・コードは，2017年に改定され，議決権行使内容の個別開示と，議決権行使の意思決定に外部の目を取り入れること，開示しない場合には理由を説明することが求められるようになった。これらの動きは，あくまで機関投資家を介してではあるが，投資家の企業成長への働きかけや経営に対するモニタリングの意識や姿勢を律することにつながり，議決権行使や議案の賛否についても積極的な発言や行動につながってきている。

もう一方のコーポレートガバナンス・コードは，東京証券取引所が上場する企業に対して守るべき行動規範を指針として示したものである。このおもな内容は，①「株主の権利・平等性の確保」②「株主以外のステークホルダーとの適切な協働」③「適切な情報開示と透明性の確保」④「取締役会等の責務」⑤「株主との対話」である。このコードの目的は，「これらが適切に実践されることは，それぞれの会社において持続的な成長と中長期的な企業価値の向上のための自律的な対応が図られることを通じて，会社，投資家，ひいては経済全体の発展に寄与することとなる」と示されている。

このなかで①では，少数株主や外国人株主にも十分配慮すること，②では，経営陣が従業員・顧客・取引先・債権者・地域社会などといったステークホルダーの権利・立場や，健全な事業活動倫理を尊重する企業文化・風土の醸成に向けて，リーダーシップを発揮することが求められる。③では，株主と建設的な対話を行うために財務情報のみならず非財務情報についても正確で有用なものを提供することが示されている。また，④では，株主に対する受託者責任・説明責任を明記して企業戦略等の大きな方向性を示し，経営幹部による適切なリスク・テイクを支える環境整備を行い，独立した客観的な立場から経営陣・取締役に対する実効性の高い監督を行うことであるとされ，そのうえで，独立取締役の有効な活用が求められている。⑤では，株主総会以外の場以外でも株主との間で建設的な対話をすることが求められている[14)]。

また，このコーポレートガバナンス・コードは2018年に改定され，政策的に保有している自社株の方針に加えて，CEOの解選任，会社の財政状態や経営戦略，リスク，ガバナンス，社会，環境問題（いわゆるESG）などに関する事項についても，積極的に開示することが求められるようになった。

これらの一連の改革の動きは，日本のコーポレートガバナンス改革にとって重要な意味を持つ。特に，投資家・企業双方の立場から企業価値の持続的な向上へ向けた自律的な取り組みが求められるようになっている。

３　改革の効果

それでは，これらの一連のコーポレートガバナンス改革は，エージェンシー問題の解決にどのように関連しているのであろうか。第１節の４で指摘したとおり，株主と経営者の間のエージェンシー問題の発生には，「情報の非対称性」と「目的（利害）の不一致」が大きくかかわってくる。

このうち「情報の非対称性」については，先に指摘したとおり，各種の情報開示の問題である。それは主に会計情報による財務情報だけでなく，非財務情報の開示も求められるようになっている。また，コーポレートガバナンス・コードからもスチュワードシップ・コードからも経営者と株主の建設的な対話の必要性が求められている。こうした動きも，情報の非対称性の解消に貢献していくことが期待される。

もう一方の「目的（利害）の不一致」に関してはどうだろうか。この解消については，①モニタリング・システムと②インセンティブ・システムがあげられる。①については，英米型の取締役会制度の導入，社外役員の導入など，経営者に対する制度的なモニタリングの仕組みは出来上がりつつある。また日本取引所グループの調査によれば，独立社外取締役を２名以上選任する上場企業の割合は，2019年には93.4％となっており（2014年は21.5％であった），会社法の改正と２つのコードの効果が表れているといってよいだろう。ただ，社外取締役の独立性と社内の情報をいかにうまく集められるかどうかによって，その効果は大きく変わってくると考えられる。これらは今後の課題となってくるであろう。株主の行動ついては，エンゲージメントとよばれる対話による経営改善への働きかけや株主総会における議決権行使によって，より積極的に発言することを通じて働きかける動きがみられるようになっている。敵対的買収については，2000年代の半ば以降，ポイズンピル（新株を買収者以外の第三者に与え，買収者の持株比率を低下させる）などの買収防衛策が導入されていたが，機関投資家などの反対により，見直す企業が増えている。

②のインセンティブ・システムについては，ストック・オプション制度自体は1997年から導入されており[15]，制度としてはすでに定着しており，上場企業の約３分の１が導入している。また，最近では，役職員一体での自社株式の交付や非業務執行の社外取締役への株式報酬の導入，ESGのような非財務指標の達成を考慮した株式報酬設計といった動きも増えている[16]。

おわりに

これまでにみてきたように，株主の観点に立ったコーポレートガバナンス改革がかなり進展してきた。その一方で，近年は行き過ぎた株主重視に対する批判の声もみられるようになっている。たとえば，アメリカの主要企業の経営者団体であるビジネスラウンドテーブルが，2019年の８月に「株主第一主義」を見直し，従業員や地域社会などの利益を尊重した企業経営に取り組むと宣言した[17]。また，実業家の松本晃氏は，ステークホルダーへの義務を果たす優先順位を①顧客と取引先，②従業員とその家族，③コミュニティ，④株主と挙げた[18]。日米の経営者が株主を重要なステークホルダーであることは認めつつも，その優先順位については見直し始めている。

また，機関投資家を中心に企業の社会的責任（CSR）活動を重視し，環境・社会・ガバナンスの観点から責任ある行動を評価し，投資を行う活動もみられるようになった。このような投資行動はESG投資といわれている。ESG投資は，CSR活動を通じて株主以外のステークホルダーの利益を重視するだけでなく，企業のリスクも低下させるともいわれている。さらには，株主自身が株主提案を通じて企業にESGを重視するように働きかけ，それに機関投資家が賛同するという動きもみられるようになっている[19]。

コーポレートガバナンスには絶対的に正しい仕組みがあるわけではない。近年のガバナンス改革の流れは，企業自身がその統治のあり方を考え，また，株主とともにその仕組みが機能することを促しているものと考えられる。それは，株主の利益を守るだけではなく，より広い利害関係者の利益を守るためにも必要な努力であると考えられる。

〔注〕

1）　風間信隆編著（2019）『よくわかるコーポレート・ガバナンス』11ページ。
2）　風間信隆編著（2019）『同書』28ページ。
3）　伊丹敬之，加護野忠男著『ゼミナール経営学入門第３版』日本経済新聞社，550ページ。
4）　この場合，支配的な大株主と少数株主の利害が対立する可能性はある。これらの問題については，ここでは取り上げない。
5）　井上光太郎（2020）「コーポレート・ガバナンス」『ファイナンス』233ページ。
6）　菊澤研宗（2006）『組織の経済学入門』有斐閣，109ページ。
7）　風間信隆編著（2019）『よくわかるコーポレート・ガバナンス』62ページ。
8）　以下のメインバンクについての記述は，三浦俊彦（2011）「コーポレート・ガバナンス」，高橋宏幸ほか編著『現代経営学入門』有斐閣，220－221ページに基づいている。
9）　三浦俊彦（2011）「コーポレート・ガバナンス」，高橋宏幸ほか編著『現代経営学入門』有斐閣，221ページ。
10）　菊池敏夫，磯伸彦（2019）「コーポレート・ガバナンスの新しい課題―ステークホルダー・アプローチの視点―」山梨学院大学『経営情報学論集』第25号52ページ。
11）　小山嚴也ほか著（2018）『問いからはじめる現代企業』有斐閣ストゥディア，57ページ。
12）　小山嚴也ほか著（2018）『同書』有斐閣ストゥディア，58ページ。
13）　スチュワードシップ・コードに関する有識者検討会（2017）４ページ。
14）　小山嚴也ほか著（2018）『問いからはじめる現代企業』有斐閣ストゥディア，63－64ページ。

15）山田仁志（2004）「報酬としてのストック・オプションの検討」日本経営会計学会『経営会計研究』45ページ。
16）ウイリス・タワーズワトソン，三菱UFJ信託銀行（2017）「株式報酬の導入状況」3ページ。
17）『日本経済新聞』2019年8月20日朝刊。
18）『日本経済新聞』2018年2月5日朝刊。
19）『日本経済新聞』2020年5月21日朝刊。

第４章　企業統治と地域社会

はじめに

本章では，地域社会の観点から企業統治の現状と今後の方向性について論じていく。まず，企業統治（コーポレートガバナンス）は法令用語ではないため，様々に定義されているが，企業の利益と地域社会の利益の一致が持続可能な社会への必要条件であるとするならば，Cadbury（1999）の「経済的目標と社会的目標のバランス，個人の目標と共同体の目標のバランスをどのように取るかという問題に関係する。個人，企業，社会の利益を可能な限り一致させるのが狙いである」という定義が参考になる。現代社会において，法人である企業は，自然人である私たち市民と同様に企業市民として，地域共同体に不可欠な構成要素となっている。経済社会活動の場である地域社会において，私たち一人ひとりに社会に配慮した自律的行動が期待されるように，企業にも地域社会に配慮した企業活動が期待されている。

企業法制におけるステークホルダー，特に地域社会の位置づけに関しては，2006年に制定されたイギリス会社法第172条は，取締役の責務について，「会社の成功を促進すべき義務」（Duty to promote the success of the company）と定め，取締役の義務の履行にあたり，会社のほか，顧客，取引先，地域社会等の利害関係者（stake holders）の利益を考慮する必要があると明記している。わが国の会社法においては，企業統治やステークホルダーに関する規定はないものの，東京証券取引所と金融庁が定めた日本版コーポレートガバナンス・コード（2015）において，「上場会社は，会社の持続的な成長と中長期的な企業価値の創出は，従業員，顧客，取引先，債権者，地域社会をはじめとする様々なステークホルダーによるリソースの提供や貢献の結果であることを十分に認識し，これらのステークホルダーとの適切な協働に努めるべきである」（基本原則２）

と定め，ステークホルダーに，会社の存続・成長の基盤である地域社会を含めており，地域社会に配慮した企業統治は，経営実務上も，既に定着したといえる。すなわち，地域社会において，企業は企業市民として地域社会と共生していくことが期待されているのである。

2006年イギリス会社法，および日本版コーポレートガバナンス・コードでも見たように，ステークホルダーの定義において，「地域社会」の定位置は常に最後尾であるが，SDGs（Sustainable Development Goals：持続可能な開発目標）のゴール11「住み続けられるまちづくりを」に象徴されるように，近年，持続可能な地域社会と企業との関係がより重要視されており，ステークホルダーとしての「地域社会」は未だかつてないほど脚光を浴びている状況である。企業と地域社会との関係においては，従来，社会学などの隣接諸科学の領域において主に考察対象とされてきたが，今後は，経営学の観点から研究を深めることが期待されるであろう。

下記図表４－１にあるように，企業が地域社会から様々な影響を受けながら企業統治が行われていることを（地域社会から企業への作用），逆に見れば，企業が地域社会に社会的責任を果たしていると捉えることができる（企業から地域社会への反作用）。すなわち，企業による地域社会に対する社会的責任行動は，地域社会からの企業統治インパクトと表裏の関係にあるといってよいであろう。

図表４－１　企業統治と企業の社会的責任との関係

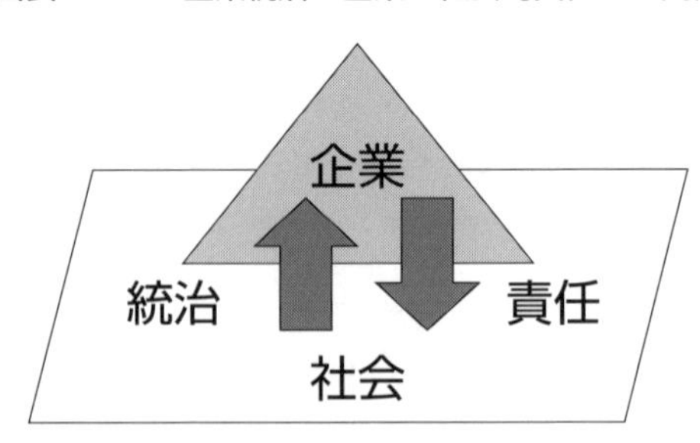

（出所）　筆者作成。

したがって，企業の地域社会に対する社会的責任（CSR）のあり方を議論することで，本章のテーマである「企業統治と地域社会」についてより深く考察することができると考える。

第１節　企業の社会的責任から理解する企業統治
―地域社会の持続可能性を中心として―

この節では，CSR及び企業統治と地域社会との関係について，米国と日本の考え方や取組みの違いについて述べていく。

１　米　　国

米国において，コーポレートガバナンスが重視されるようになったのは，経営者を規律付けすることによって，経営の効率性を高め，企業価値を向上させることができると考えられてきたからである（Gompers，Ishii and Metrick，2003）。特に，1970年代以降コーポレートガバナンスに対する関心が高まった背景として，いくつかの要因が考えられるが，特に1980年代のＭ＆Ａブームの際に雇用が失われ，地域社会に甚大な影響を及ぼしたことを指摘できる（菊池・平田2000）。また，1983年にペンシルバニア州で会社の取締役が業務履行の際に，株主以外の利害関係者，すなわち，従業員，顧客，供給者，地域社会など利害関係者の利益を考慮することを認める利害関係者制定法（constituency statutes）が定められ，その後，30州以上で同様の法律が整備されている（畠田2014）。すなわち，企業経営において実際上のみならず，制度上も地域社会との良好な関係を築くことが求められるようになった。

２　日　　本

企業の特殊的・個別的利益の追求が，地域の一般的・社会的利益としての地域振興につながり，企業の成長が地域の成長へとつながっていく。これらは，わが国の企業城下町を想起すれば容易にイメージできる。

わが国において，江戸時代から明治時代にかけて活躍した近江商人の「三方よし」（売り手よし・買い手よし・世間よし）が広く知られている。これは，売り手と買い手がともに満足し，また社会貢献できるのが良い商売であるという，商売の心得を表したものであり，わが国では古くから，ステークホルダーの利益や社会貢献が重視されてきたことを示している。商人は，自己の利益ばかりではなく，顧客の利益も考慮することにより，顧客の信頼を獲得し，商売を繁栄させることができた。蓄積した利益を学校や橋の建設などに投じ，社会貢献にも尽力した。近江商人が近江以外の地域社会においても広く活躍した背景にはこのような考え方があったのである。

(1)　環境への取組み

高度経済成長の負の遺産として，1960年代に顕在化した公害問題は企業活動によって地域社会に甚大な被害をもたらした。また，損害賠償請求を求める裁判などを通じ，経営者は「地域社会と経営」の視点を明確に意識せざるを得なくなった。また，その後，地球温暖化防止や生物多様性確保に象徴される国内外における環境問題に対する意識の高まりの中で，個人のライフスタイルだけでなく，企業経営においても「Think globally，Act locally」の姿勢が求められるようになった。持続可能な社会の構築のためには，あらゆる主体（国，自治体，事業者，国民）による積極的な環境保全への取組が必要であるが，生産者である企業の環境配慮行動が社会の存続の鍵を握る。環境配慮意識の高い自治体では，エコアクション21（中小企業向けの環境マネジメントシステムのガイドラインを環境省が策定し2004年から認証制度が始まっている）を活用し，低炭素型の都市・地域づくりの担い手である域内の事業者に環境への取組を推進し，CO_2削減と事業者に対する必要な支援を図る自治体イニシアティブ・プログラムを実施しており，これらのスキームを活用し，企業価値を高めている企業も数多くある。

近時は，持続可能な経済社会システムを実現する都市・地域づくりを目指す「環境未来都市」構想が進められている。環境未来都市は，環境や高齢化など人類共通の課題に対応し，環境，社会，経済の三つの価値を創造することで

「誰もが暮らしたいまち」「誰もが活力あるまち」の実現を目指す，先導的プロジェクトに取り組んでいる都市・地域である。例えば，北海道下川町では，「森林未来都市」モデルとして，豊富な森林資源から最大限に収益を得続ける自立型の森林総合産業を創出し，森林バイオマスを中心とした再生可能エネルギーによる完全自給と域外燃料供給を実現するとともに，森林から学び，楽しみ，心身の健康を得ながら子供から高齢者まで誰もが互助と協働により快適な暮らしを創造し続ける地域社会の確立を目指している。また，「森林未来都市」モデルの政策・事業パッケージをアジア各国の小規模山村自治体に輸出展開をも目指している。未来を志向する環境まちづくりにおいて，事業の主たる担い手である企業に期待される役割は極めて大きい。

(2) ソーシャルライセンス

企業が経済法違反行為などの不祥事を侵すことによって，公共工事等への入札から排除される。すなわち，コンプライアンスという企業統治の土台を遵守しなかったことにより，地域社会を支える活動から退出させられることになる。この意味で，企業統治にとって法令遵守は，事業活動を行う前提条件である。

企業が継続企業（ゴーイングコンサーン）として事業を継続させていくためには，多様なステークホルダーの利益に配慮しながら「社会の公器」としての社会的正当性や信頼を得ることが不可欠である。例えば，このような企業と社会との関係性を表す言葉として「ソーシャルライセンス」(Social License) という用語がある。企業が社会の中で事業を営むためには，行政府から事業免許が必要な場合がある。例えば，鉄道業，保険業を営むには，国土交通省，金融庁の許可が必要である。これらの許可は，事業を営むために必要な人的・技術的能力，財務的基盤など最低限の条件を備えていることを示すが，反社会的勢力の関与など公序良俗への悪影響が懸念される場合は認められない。行政府からの許認可を得ても，環境保全や従業員，地域住民への配慮を怠れば抗議運動が起きたり，訴訟が引き起こされるなどして，事業の継続が妨げられる場合がある。

このように，企業が継続して事業を営むには，行政府からの事業許可を得るばかりでなく，社会の信頼を獲得し，社会に受け入れられること，つまり「社会的免許」ともいえる「ソーシャルライセンス」が必要となる（江川2018）。事業を営むためのライセンスは，最低限の条件を充足すれば獲得できる。しかし，ソーシャルライセンスを獲得するためには，時間をかけて地域社会との関係を築き，信頼を得る必要がある。

企業は社会と相互依存の関係にあり，密接にかかわっていることから，企業活動が社会的に見て正当であることが常に要求される。ステークホルダーの中でも，特に地域社会との関係では，企業の存続と行動の社会的正当性の維持が重要になる。企業の経営者がいかに優秀であっても，人間の合理性には限界があり，常に変化する経営環境の中で，多様なステークホルダーの要求を満たしながら企業統治を実践することは至難の業である。したがって，経営者や企業が自戒するために，その規準として経営理念の中に，企業活動の社会的正当性に関する記述を盛り込むことが必要になるし，多くの企業に見られるように経営理念や行動規範に関する毎日の唱和が必要となるということであろう（例：事業を通じて地域社会に貢献する）。

企業統治と地域社会を考える場合，大企業が立地している場合は，大企業を中心としたサプライチェーンによる企業城下町的な地域社会が想定され，そうではない地域では中小企業が集積している地域，あるいは中小企業が散在している地域が考えられるが，大企業による社会的影響の大きさはもちろん，経営資源に制約のある中小企業であっても環境問題や消費者問題などによって社会に与える影響は大きく，企業統治のあり方について，地域住民が大目に見てくれるということはまずありえず，結局，出来得る限り地域社会の期待に応える企業統治の姿勢が求められている。

⑶　理論的考察

企業統治と地域社会との関係を論じるにあたり，企業の地域社会に果たす役割や責任について，明確に意識する必要があり，また，企業が地域社会に責任を果たすことによって，地域社会における企業統治も可能になる。この点につき，Carroll（1991）による４つのCSR概念（法的責任，経済的責任，倫理的責任，社会貢献的責任）を用い，地域社会に対する企業の社会的責任の内容や位置づけをより明確にし（図表4－2），その結果として企業の社会的責任のカウンターとしての社会における企業統治のあり方の理論的考察を行う。

図表4－2　企業責任の内容と位置づけ

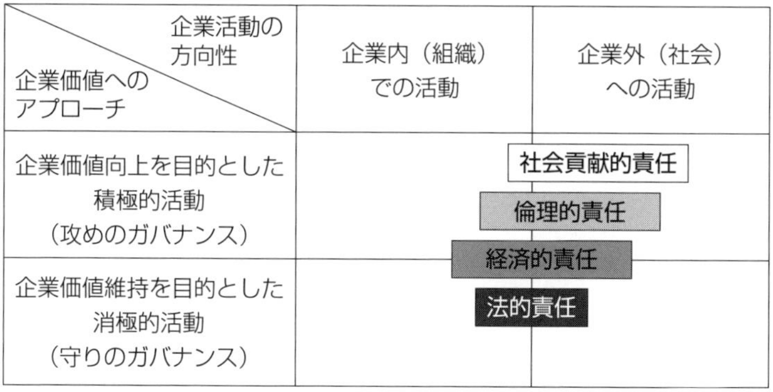

企業活動の方向性 ＼ 企業価値へのアプローチ	企業内（組織）での活動	企業外（社会）への活動
企業価値向上を目的とした積極的活動（攻めのガバナンス）		
企業価値維持を目的とした消極的活動（守りのガバナンス）		

社会貢献的責任
倫理的責任
経済的責任
法的責任

（出所）　筆者作成。

第1に，法令遵守（コンプライアンス）は，社会的存在としての企業が最低限遵守すべき社会規範であり，これを「法的責任」とする。これを怠れば企業価値は著しく低下する。この責任は企業の組織内外を問わず，企業市民としての最低限果たすべき責任であり，統治の基準でもある。過去に行われた不法な行為に対し，裁判が起こされ損害賠償の請求を受ける場合もあり得る（図表4－3）。

第2に，株主への配当や従業員への賃金，自治体などへの税金の納付などの「経済的責任」がある。企業の最終目標は経済的利潤の獲得であり，それは企業の内外の多様なステークホルダーとの現在を中心とした経済的なネットワークによって営まれている（図表4－2）。革新的な経済活動や本業を通じた社会的課題の解決によって企業価値を大きく高めることもあれば，業績の悪化により，配当・賃金・支払いが滞り企業価値を低下させてしまうこともあり得る。

第3に，法的規制を越えた場面では，企業や業界の自主規制や自主基準による「倫理的責任」がある。「社会の公器」としての企業として「かくあるべし」という倫理観を示すことで，企業内の従業員の倫理観やモラールが高まり，反倫理的行動（モラルハザード）が戒められ，地域社会の信頼を得ることになる。これらは，中長期的な企業価値の向上に不可欠な企業統治の姿勢であり，倫理的責任は過去・現在・未来と常に問われ続ける（図表４－３）。

第４に，地域社会への社会貢献活動（フィランソロピー），文化芸術活動（メセナ活動），環境保全活動，スポーツ支援活動などの「社会貢献的責任」がある。社会的な課題解決に向けた積極的な取り組みは，地域社会の発展の方向性と重なり（図表４－３），地域住民からの理解を得ることにより，地域でのトラブルを抑制することになり，企業統治に間接的に資することになる。

図表４－３　時間の経過と企業の社会的責任との関係

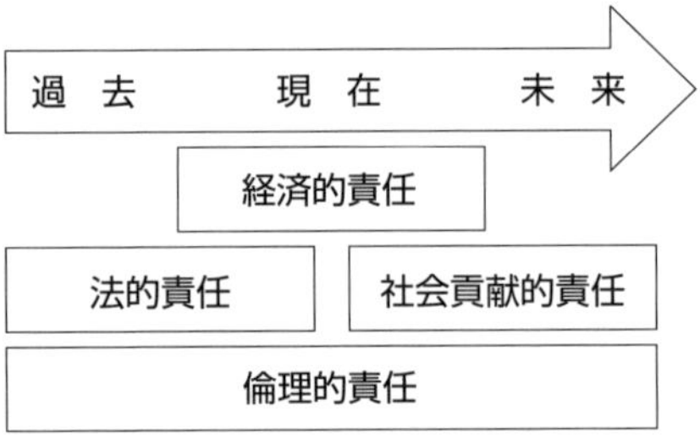

過　去　　現　在　　未　来

経済的責任	
法的責任	社会貢献的責任
倫理的責任	

（出所）筆者作成。

マスメディアを通じ，コンプライアンス違反による不祥事に対する社会的注目が高まることが多く，コーポレートガバナンスとコンプライアンスが同義のように理解されることがあるが，本来コーポレートガバナンスは企業価値の向上を目指すものである。コンプライアンスが確立していなければ，企業価値が毀損される可能性があるため，コーポレートガバナンスは，コンプライアンスを包摂するものと考えることができる。したがって，今後のコーポレートガバナンスの議論においては，「攻めのガバナンス」に象徴されるように，経済的効率性の向上という側面を意識する必要がある。

近年は，本業を通じた社会的貢献が行われるようになってきた。特に，経営資源の乏しい中小企業は，本業と別に社会貢献活動を行う余力がないため，本業を通じて利益の獲得と社会的課題の解決に積極的にコミットメントするようになり，CSV（Creating Shared Value：共通価値の創造）としての活動が行われるようになった。CSVでは，企業における経済的価値の創出だけでなく，社会と共有の価値を創造していくことが目指される。

投資家の中には社会的責任投資行動をとる者が急速に増えている（SRI：社会的責任投資，ESG投資）。また，求職者は就職時の企業選択において企業の社会性を考慮し，消費者も商品やサービスの選択において，企業の社会性を考慮している。さらに，地域社会において投資家，従業員，消費者が生活している。したがって，企業は常に地域社会のフィルターを通じて社会的に評価されており，これは，地域社会による企業に対する統治である。

第2節　地域活性化から地域価値創造へ

地域社会の発展と共に企業も成長と発展を遂げている。当然，企業の新しい社会的役割を前提とした企業統治の在り方が問われている。

1　NPM（New Public Management：新公共管理）

従来よりわが国においては，行政部門に民間活力を導入する取組み（企業と行政との協働）が様々な形態で進められてきた。1980年代後半には半官半民の事業形態である第三セクター方式が政策的に広く採用された。しかし，ずさんな事業計画，不十分なマーケティング，経営の経験のない行政による主導，公金による損失補償などの要因により，その多くは失敗した。しかしながら，民間企業のマネジメントの手法を活用した地域社会づくりは，地域活性化の方向性としては間違いではなく，問題はそのやり方にあった。

そこで，イギリスで一定の成果を収めたNPMをわが国でも取り入れようという機運となった。NPMとは，民間企業における経営手法などを公共部門に適用し，そのマネジメント能力を高め，効率化・活性化を図るという考え方であり，1980年代半ば以降，英国やニュージーランドなどの行政改革において導入された。NPMは，①徹底した競争原理の導入，②業績・成果による評価により，より効率的で質の高い行政サービスの提供へと向かわせ，行政活動の透明性や説明責任を高め，顧客である国民の満足度を向上させることを目指している。例えば，①においては，民営化や民間委託，PFI（Private Finance Initiative：民間資金等を活用した社会資本整備）の活用，②においては，事業に関する事前業績評価や成果に関する目標設定と事後的な検証，評価結果の政策決定へのフィードバック，公会計制度の充実が進められた。これらは，民間企業のマネジメントの手法を公共サービスに取り入れたものである。

その後，民間企業が主導するPFI方式を採用したPPP（public private partnership：官民連携）による事業の成否の検証やノウハウの蓄積が行われ，堅実な成果を上げつつある。また，民間企業による公共施設の維持管理等に関する指定管理者制度を挙げることができ，民間企業にとっては新しい事業領域となっている。例えば，佐賀県武雄市は，市立図書館の運営管理をカルチュア・コンビニエンス・クラブ会社（蔦屋書店）に委託しており，書籍の貸出しだけでなく販売も行い，また，図書館内にカフェ（スターバックス）を併設し，利用者（顧客）の満足と公共施設の管理コストの負担抑制を両立させた。これらの官民協働の取り組みは，企業が切り拓く「新しい公共性」の創出と言い換えることもできる。もはや，民間企業が事業主体として公共性を正面から担う状況となっており，民間企業が行政とともに地域社会を共治しているのである。

2　UD（Universal Design）

誰もが円滑に社会生活を送ることができるための，建造物の建設などを通じて地域社会のユニバーサルデザイン化に，企業が共感し，自社の取り扱う物件を社会適合化させている。例えば，イオングループは，「全てのお客様に安心で安全なお買い物をしていただく」ために，20年前から全店でハートビル法（高齢者，身体障碍者等が円滑に利用できる特定建築物の建築の促進に関する法律）の認定を目指し，バリアフリー・ユニバーサルデザイン化に取り組んでいる。また，今後の高齢化への対応として，広大な面積と建物が分散する大規模商業施設において，「迷わない・疲れない・使いやすい」ショッピングセンターを目指し，学識経験者や障害者団体等からの意見を設計段階から取り入れ，また，開店後に実施したアンケート調査結果を新規店舗に生かすなど，バリアフリー・ユニバーサルデザインのスパイラルアップを図っている。これらの取組みは，本業を通じた社会的責任行動と位置付けられ，多様な顧客（近隣住民）から支持され，企業活動が社会的に正当化されたと評価することができ，企業がまちづくりの本質を変えようとする事例である。企業統治は，地域社会に新たな価値をもたらし得るのである。

３　地域通貨

地域通貨とは，地域の活性化を目的とし，限定したエリア内で流通・決済手段として利用する通貨である。日本の地域通貨の歴史は「多産多死」であり，これまで全国に800以上もの地域通貨が生まれたが，その多くは実質的に消滅している。成功例として，2017年12月に開始した岐阜県高山市，飛騨市，白川村で使える電子地域通貨「さるぼぼ（飛騨弁でサルの赤ちゃんを指す言葉）コイン」が挙げられる（利用者約１万1,000人〔2020年〕，発行主体：飛騨信用組合）。１コイン＝１円相当で加盟店（約1200）で利用が可能であり，飛騨信用組合などの窓口や，専用チャージ機，セブン銀行ATMでチャージでき，チャージの際には１％分のプレミアムポイント（コインと同価）が付与される仕組みである。なお，「さるぼぼコイン」は最後に使った日から１年後に価値がなくなる。

地域経済の５～６割を個人消費が占める中，地域の経済的活力を維持するために「地域から外に流出するお金を減らす」「地域外から入ってくるお金を増やす」ことが重要であり，その手段として地域通貨が注目された。電子地域通貨ならば，初期コストを下げることができ，流通面でもメリットがある。例えば，実際に現地に行かなくても，インターネット経由で遠隔地からも電子地域通貨を入手することも可能になる（さるぼぼコインは2020年３月30日より，セブン銀行ATMでのチャージを開始）。「地域外から入ってくるお金を増やす」という目的を果たしやすくなった。また，「時間が経つと価値が減る」ことで消費をうながすなど，デジタルならではのしかけも可能である。これらの取組みは地域企業の本業を通じた取組みによる地域活性化のための方策の１つであり，やり方次第で地域の金融や経済に多大な影響を及ぼす可能性を示している。発行及び利用企業は常に地域通貨の使用ネットワークの中で，その利便性を高め経済的価値を生み出すことが求められる。地域住民の信頼がなければ，決して成り立たない仕組みであり，地域社会による企業統治の実例といえるであろう。

4　企業版ふるさと納税

企業の義務である納税について，法的責任を果たすのみならず，納税方法に工夫を凝らすことにより地域活性化に貢献することができる。2016年度に内閣府主導により制定された地方創生施策である「企業版ふるさと納税」（地方創生応援税制）は，まちひとしごと総合戦略の中に位置づけられており，志ある企業が地方を応援するためのきっかけづくりとなっている。法人税等に対する特例的な減税措置を行うことにより，企業が地方の自治体を支援するためのインセンティブを付けることを制度の中心に据える。具体的には，寄附を行うと通常の損金算入による軽減効果約３割に加え，企業版ふるさと納税の特例措置として税額控除を最大３割受けることができる。合計で最大約６割の減額となることから，寄附の実質の自己負担は４割となる。2020年４月改正により，税額控除部分が最大３割から最大６割に引き上げられたため，企業の実質負担が１割になるケースが出てくる。

例えば，秋田県藤里町に化粧品原料の研究開発拠点を置く株式会社アルビオンは，自社が研究開発で恩恵を受けている地域へ貢献をしたい，という想いを叶え，地域の観光資源である世界遺産白神山地保全への協力を目的として，秋田県に企業版ふるさと納税を行った。この事例では，寄附だけでなく藤里町と包括連携協定を締結し，地域文化の共有や防災・災害対策，人材交流や地元採用を進めるなど，その後の地域貢献も続けており，CSVやSDGsにつながる取組みとなっている。自然環境保全に，企業版ふるさと納税制度を通じて取り組むことで地域と密接な連携を図っている。企業が行う納税行為に社会的評価が備わることで，企業の社会的評価が高まり，納税に対するインセンティブも高まる。企業版ふるさと納税は，企業にとって，経済的負担と捉えられてきた税負担を積極的に社会に還元し，社会の発展に貢献しようとする新しいスキームでもある。企業が自らこのスキームを利用することで，地域社会における企業統治の姿がより明確なものになる。

まとめと今後の課題

企業の顧客，従業員，取引先が地域社会の中に多く存在し，また，政府や地方公共団体が企業に対する営業の許認可権の多くを有し，それらを背景とする行政指導も日常的に行われていることから，企業経営を考えるにあたって地域社会との関係はますます重要なものとなる。例えば，2020年から猛威を振う新型コロナウィルスへの感染防止策の一環としての地方公共団体による民間企業への営業活動の自粛要請はまさに，企業と地方公共団体の関係の密接さを意識させるものとなっている。また，民間企業の事業領域が公共部門にまで拡大すると共に，地方創生を目的とした新たなビジネスのしくみが次々と生み出される中で，地域社会における企業の責任や統治のあり方は常に変化を続けている。

従来のステークホルダー論において，地域社会と企業との関係は，株主，顧客，取引先，従業員などとの関係に比べ，間接的な利害を有する者としての扱いが多かったように思う。しかし，株主主権，消費者主権などと並び，地域主権が主張されて久しく，地域政策の成否の鍵は事業者が有するという認識が既に一般的である。これを，企業を包摂する地域社会との観点からみれば，明らかに地域社会とその主体である住民が企業のステークホルダーであることに疑いの余地はなく，今後は地域社会と企業統治の観点からの経営学研究が特に必要になると考える。

〔参考文献〕

内本博之（2015）「中小企業にみる企業の社会的責任の実践―本業と一体化した社会価値の実践―」『日本政策金融公庫論集』第26号，75－91ページ。
江川雅子（2018）『現代コーポレートガバナンス』日本経済新聞出版社，291－292ページ。
川島いずみ（2008）「イギリス会社法2006年(2)」『比較法学』41巻３号，203ページ。

「環境未来都市」構想とは（future-city.go.jp）

企業版ふるさと納税活用事例集（h 31 kigyojirei.pdf（kantei.go.jp））

菊池敏夫・平田光弘編著（2000）『企業統治の国際比較』文眞堂。

水尾純一（2004）「ステークホルダー重視のCSR」，水尾純一・田中宏司編著『CSRマネジメント―ステークホルダーとの共生と企業の社会的責任』生産性出版，7－12ページ。

畠田公明（2014）『会社の目的と取締役の義務・責任―CSRをめぐる法的考察―』中央経済社，93－100ページ。

Cadbury，A.（1999）“Forward，” in Corporate Governance：A Framework for Implementation――overview，World Bank.

Carroll，A.（1991）“The Pyramid of Corporate Social Responsibility：Toward The Moral Management of Organizational Stakeholder，” Business Horizons，34(4)：pp. 39－48.

Gompers，P.，J. Ishii，and A. Metrick（2003）“Corporate Governance and Equity Prices，” Quarterly Journal of Economics，Vol. 118(1) pp. 107－155.

あとがき

現代の企業は制度化しており，社会的にして永続的な存在となっている。そこでは，ますます激化する市場競争への企業適応に努める経営が求められる一方，企業の倫理性や，経済・社会・自然の持続的開発を重視した，グローバル会社市民指向の経営も求められている。現代の経営は経済的目的指向・市場適応指向の経営と，非経済的目的指向・社会的舞台適応の経営の両者を統合する経営たることを不可避としている。

近年，企業統治の改革を要請する声が社会の諸領域で高まっている。すなわち，投資家指向の経営を求めて，機関株主が取締役選出や経営活動への関与を強めている。また，粉飾決算等の企業不祥事による投資家損失の頻発や，市場競争激化による企業収益低下の中で，投資家利益の保護・促進の強化に向け，政府機関や証券取引所等による企業への外的規制が強まりつつある。これらの動きと並んで，社会指向の企業・経営を求める声も，ますます社会の諸方面から挙がりつつあり，経済界においてもESG投資やSDGs指向経営に関心を寄せる動きがみられるようになっている。こうした中，企業と経営を方向付け・監視・アドバイスするものとしての企業統治が企業と社会において果たす役割は，一段と重みを増している。企業の生存は根本的には，社会による企業への正当性の付与にかかっている。正当性付与は社会の期待に企業とその経営が適うときにもたらされるが，企業統治の在り方はそのような企業と経営の展開に大きく影響するのであって，この意味では企業統治の基本的な目的は，社会的正当性の獲得と増強に資するような企業と経営を実現せしめることにある。かかる企業統治が今日の社会における企業と経営を巡る上述の社会的な要請・動きを踏まえたものであるべきことは，いうまでもない。

現代の社会では株主支配型・株主利益至上型の伝統的な企業統治も，専門経営者支配型の企業統治も，正当性の要請を満たすに十分な統治といえなくなりつつある。経営機能から経営チェック機能へという取締役会の役割における変化，社外取締役の導入等にみられる取締役会の経営チェック機能の強化，あるいは取締役会の多様化に示されるような取締役会へのステークホルダー参加の展開が物語るように，企業統治の仕組みにも変化がみられるようになっており，所有者を含む諸ステークホルダーから独立した永続的にして社会的な存在として企業を捉えるとともに，各種ステークホルダーの利益に配慮しつつ，企業それ自他の存続・成長に第１次的責任を負うものとして企業経営を理解するような企業統治が意義を増しつつあるようにみえる。

本書は，企業統治総説，企業統治の動向と課題，ならびに企業統治とステークホルダーという３つのパートに分ける形で，現代の企業統治について，その実態とあり方を多面的に考察する。すなわち，株式会社制度における企業統治機関，企業統治の概念と今日的課題，企業不祥事と企業統治，企業社会責任と企業統治，非営利組織の企業統治，企業統治における米国標準とその行方，企業統治原則，監査役・社外取締役の役割といったことについて論じる。また，顧客・取引先，従業員，株主・投資家，地域社会といった企業の主要ステークホルダーと企業の関係に焦点を当てつつ，企業統治を考察する。本書が企業統治問題への理解を深めることに多少たりとも寄与することを，執筆者一同，心から願う次第ある。

本書が成るにあたっては，企画から出版まで一貫して，経営学研究の泰斗である菊池敏夫先生にお世話になった。城田吉孝先生には，本書執筆全体の調整という困難な役割を引き受けて頂いた。また，小野琢先生には，編集関連のさまざまな仕事を担当頂いた。そして，日向浩幸，吉沢正広，青木崇，柏木理佳，磯伸彦，牧野勝都，山田仁志，後藤浩士の諸先生方（執筆順）には，大学改革問題や新型コロナ・ウイルス問題への対応も加わり，一段と多忙となっている今日の大学業務の中で，快く執筆をお引き受け頂いた。ここに皆様に，深く謝意を表する次第である。

本書の出版を快諾された株式会社税務経理協会のますますのご隆盛を祈念するとともに，執筆者一同を絶えず温かく励ましてくださった同社シニア・エディター峯村英治氏に厚く御礼申し上げて，結びとする。

2021年２月

櫻井　克彦

索　引

【欧文】

【あ行】

【か行】

【さ行】

【た行】

【な行】

【は行】

【ま行】

【や行】

【ら行】

【わ行】

執筆者一覧（執筆順　※編著者）

※菊池　敏夫（きくち　としお）　　　　はしがき 第Ⅰ部 第1章　担当

日本大学名誉教授

早稲田大学大学院経済学研究科修士課程修了

専攻：現代企業論，企業統治論，企業行動の国際比較研究

主要著作：『企業統治の国際比較』（編著）文眞堂（2000），『現代経営学［4訂版］』税務経理協会（2006），『現代企業論―責任と統治―』中央経済社（2007），『企業統治論』（編著）税務経理協会（2014），『現代の経営学』（編著）税務経理協会（2018）

※櫻井　克彦（さくらい　かつひこ）　　　　第Ⅰ部 第2章 あとがき　担当

名古屋大学名誉教授，長崎大学名誉教授，東海学園大学名誉教授

名古屋大学大学院経済学研究科博士課程　単位取得退学　経済学博士

専攻：経営学原理，企業と社会

主要著作：『現代企業の社会的責任』千倉書房（1976），『現代企業の経営政策』千倉書房（1979），『現代の企業と社会』千倉書房（1991），『現代経営学』（編著）税務経理協会（2006），『現代の経営学』（編著）税務経理協会（2018）

日向　浩幸（ひむかい　ひろゆき）　　　　第Ⅱ部 第1章　担当

羽衣国際大学現代社会学部准教授

中央大学大学院総合政策研究科博士後期課程単位取得修了

専攻：経営戦略論，経営組織論

主要著作：「経営者支配と企業不祥事の研究」『企業経営研究』第23号（2020）47－61ページ，「学習アプローチに基づく安全文化醸成に関する研究」『経営学論集』第89集Ｆ68－１－Ｆ68－７（2019），「病院組織の内部統制を考える」『産業経済研究』第16号（2016）123－136ページ

小野　琢（おの　たく）　第Ⅱ部 第2章　担当
愛知産業大学経営学部准教授
明治学院大学大学院経済学研究科博士後期課程　単位取得満期退学
専攻：企業体制論，企業と社会の関係論
主要著作：「山城章―主体的な企業観・実践経営学の確立者―」（共著）『経営学史叢書XIV』文眞堂（2013），「企業の社会的責任と経営倫理」（共著）『現代の経営学』税務経理協会（2018）

城田　吉孝（しろた　よしたか）　第Ⅱ部 第3章　担当
東京福祉大学社会福祉学部教授
愛知学院大学大学院商学研究科博士課程　単位取得満期退学
専攻：マーケティング論，経営戦略論，
主要著作：『現代商学』（編著）税務経理協会（2004），『現代マーケティング』（共編著）ナカニシヤ出版（2009），『マーケティング戦略論』（編著）学文社（2011），『ポイントマーケティング情報論』中部日本教育文化会（2015），『現代の経営学』（編著）（税務経理協会（2018）

吉沢　正広（よしざわ　まさひろ）　第Ⅱ部 第4章　担当
川口短期大学特任教授
愛知学院大学大学院商学研究科満期退学　博士（学術）
専攻：経営学，経営史
主要著作：『国際ビジネス論』（単著）唯学書房（2008），『歴史に学ぶ経営学』（編著）学文社（2013），『実学　企業とマネジメント』（編著）学文社（2018），他あり

青木　崇（あおき　たかし）　　第Ⅱ部 第5章　担当

大阪国際大学経営経済学部経営学科准教授

東洋大学大学院経営学研究科経営学専攻博士後期課程修了　博士（経営学）

専攻：経営学，企業統治論，企業の社会的責任（CSR），SDGs（持続可能な開発目標）

主要著作：「コーポレート・ガバナンスと経営者問題—日米企業に焦点をあてて—」日本経営教育学会編『企業経営のフロンティア』学文社（2004）49～78ページ，「コーポレート・ガバナンスの前提条件—コンプライアンスとCSR—」日本経営教育学会編『MOTと21世紀の経営課題』学文社（2005）205～230ページ，『価値創造経営のコーポレート・ガバナンス』税務経理協会（2016）

柏木　理佳（かしわぎ　りか）　　第Ⅱ部 第6章　担当

戸板女子短期大学准教授

桜美林大学大学院国際学研究科博士後期課程　単位取得修了　博士（学術）

専攻：企業統治，組織文化，人的資源管理

主要著作：『最近の企業不祥事—不正をなくす社外取締役・監査役とは』税務経理協会（2020），『日本の社外取締役制度』桜美林大学北東アジア総合研究所選書（2015）

磯　伸彦（いそ　のぶひこ）　　第Ⅲ部 第1章　担当

浜松学院大学現代コミュニケーション学部准教授

静岡県立大学大学院経営情報イノベーション研究科博士後期課程　単位取得満期退学

専攻：企業統治論，医療経営論

主要著作：「社外取締役・独立取締役をめぐる諸問題」（共著）『企業統治論—東アジアを中心に—』税務経理協会（2014），「わが国における公立病院のガバナンス—マトリックスを用いた公立病院の分類から—」『経営行動研究年報第28号』経営行動研究学会（2019）

牧野　勝都（まきの　まさと）　第Ⅲ部 第2章　担当
経営行動研究所客員研究員
日本大学大学院経済学研究科博士後期課程　単位取得満期退学
専攻：現代企業論，企業統治論
主要著作：『企業統治の国際比較』（共著）文眞堂（2000），『企業統治論』（共著）税務経理協会（2014）

山田　仁志（やまだ　まさし）　第Ⅲ部 第3章　担当
日本大学経済学部准教授
日本大学大学院経済学研究科博士後期課程　単位取得退学
専攻：経営財務論，企業論
主要著作：「経営者の報酬制度」（共著）『企業統治と経営行動』文眞堂（2012），「中小企業経営と資金調達」（共著）『現代中小企業経営要論』創成社（2015）

後藤　浩士（ごとう　ひろし）　第Ⅲ部 第4章　担当
保健医療経営大学保健医療経営学部准教授
福岡大学大学院法学研究科博士課程後期修了　博士（法学）
専攻：企業統治論，内部統制論，企業の社会的責任論
主要著作：「監査役」「会計参与」「会計監査人」「検査役と調査者」「株式会社の会計」（共著）『新会社法講義』中央経済社（2020），「企業論」「経営管理論」「経営組織論」「経営学説史」（共著）『経営学概論』学文社（2021）

編著者との契約により検印省略

令和３年４月20日　初版第１刷発行

新 企業統治論

編著者　菊池敏夫
　　　　櫻井克彦
発行者　大坪克行
製版所　税経印刷株式会社
印刷所　有限会社山吹印刷所
製本所　株式会社　三森製本所

発行所　〒161-0033 東京都新宿区下落合２丁目５番13号　株式会社 税務経理協会

振替 00190-2-187408　電話 (03)3953-3301（編集部）
FAX (03)3565-3391　(03)3953-3325（営業部）
URL http://www.zeikei.co.jp/
乱丁・落丁の場合は，お取替えいたします。

ISBN978-4-419-06786-1 C3034